DISPLACED

A TRANSFORMAÇÃO DOS NEGÓCIOS
NA ERA DO CONSUMIDOR CONECTADO

FABIANO LOBO & GUGA STOCCO

1ª Edição

CASA DO
ESCRITOR

São Paulo - 2017

**Displaced: A transformação dos negócios
na era do consumidor conectado**
Fabiano Lobo e Guga Stocco

Edição:
Eldes Saullo

Revisão:
Triza Marsallo

Capa:
Casa do Escritor

Lobo, Fabiano; Stocco, Guga– 1ª Edição
Displaced: A transformação dos negócios
na era do consumidor conectado

Casa do Escritor – São Paulo: 2017
ISBN-13: 978-1981918331
ISBN-10: 1981918337

1. Economia e Negócios 2. Liderança. I - 1. Economia e
Negócios 2. Comportamento do Consumidor. II - Título

Sumário

Dedicamos este livro às nossas famílias, amigos e a todos aqueles que não conseguem viver dentro da famosa "zona de conforto".

Agradecimentos

Agradecemos a todos que contribuíram para que este livro saísse do papel, pessoas que compreendem o significado profundo de pensar fora da caixa e longe de suas zonas de conforto.

Aos empreendedores e executivos que colaboraram com suas visões valiosas sobre este admirável mundo novo: André Ferraz, Edu L'Hotellier, Juan Carlos Goldy, Rodrigo Borges, Gustavo Caetano, Alberto "Banano" Pardo, Ana Julia Ghirello, Tati Ponce, Eduardo Campanella, Victor Kong, Natasha Volpini, Marcelo Castelo, Bob Wollheim, Guilherme Gomide, Leo Xavier, Hugo Rodrigues, Marcelo Lobianco, Guilherme Jahara e Eco Moliterno. A Fabricio Bloisi, pelo prefácio.

Aos primeiros leitores e incentivadores com seus depoimentos generosos: Ricardo Amorim, Eduardo Schaeffer, Fiamma Zarife e Hugo Rodrigues.

E ao nosso editor Eldes Saullo, pela consultoria e produção deste projeto tão importante para nós.

Prefácio

A onda de inovação provida pela tecnologia móvel
trouxe trilhões de dólares em oportunidades de
negócios em todo o mundo. Ao mesmo tempo,
proporcionou aos usuários finais mais comodidade,
novos serviços e bens mais baratos, economia
compartilhada, conhecimento e comunicação como
nunca foi possível.

Os consumidores passaram a ter o cotidiano facilitado por produtos e serviços que encontram na palma de suas mãos, resultando em melhores experiências e agilidade nas tarefas do dia a dia. Essa mobilidade alterou não apenas a forma de se comunicar, como também de tornar seu negócio global. Isso porque o uso de ferramentas de comunicação entre pessoas, empresas e marcas cresceu exponencialmente, e aumentaram-se as chances de construir novos negócios rapidamente a um custo infinitamente reduzido. Este novo momento tecnológico trouxe consigo incríveis casos de uso até então só possíveis nos filmes de ficção.

Tudo isso chacoalhou o mundo – porém, ainda vejo um tsunami de transformações chegando. As oportunidades para os próximos 10 anos serão infinitamente maiores do que as dos últimos 10. Para que o profissional de hoje esteja preparado para dominar o mundo de amanhã, é fundamental entender o que causou essas mudanças, quais impactos ocorreram e quais culturas organizacionais sobreviveram e surfaram as últimas ondas.

A Movile, empresa da qual sou um dos fundadores, deixou de ser uma *startup* de duas pessoas para chegar a 2.000, atingindo 200 milhões de clientes todos os meses, em 15 anos - fundamentalmente por apostarmos na capacidade de transformação Mobile. Na Movile, acreditamos muito na cultura da resiliência e em tornar grandes sonhos possíveis. Não temos medo de tomar riscos para reinventar a companhia todos os dias e não deixamos as constantes avalanches de inovação nos sufocarem - muito pelo contrário, são oportunidades de crescer mais e melhorar. Nosso propósito e diferencial é criar serviços que melhorem a vida de um bilhão de pessoas, por meio da tecnologia e muito trabalho duro. Acredito que devemos sempre estar preparados para incorporar novas oportunidades que agreguem ao nosso crescimento e impacto como grupo.

Acredito que é responsabilidade de todos, empreendedores, executivos, analistas, estagiários, entre outros, se comportarem como donos do negócio onde estão e trabalharem para construir seus futuros. Para isso, é fundamental estudar o que acontece no mundo, entendendo as tendências

3

e ajudando a construir uma visão das mudanças e oportunidades à frente. Faço, assim, este convite a você: reflita sobre os conceitos abordados ao longo deste livro, eles são fundamentais para que você entenda como o mundo está mudando e como a tecnologia abrirá novas portas para os negócios nos próximos anos. Ninguém sabe o que será a receita do sucesso no futuro, mas a oportunidade de criá-lo e ter enorme impacto sobre ele está nas mãos de todos que se dedicam e ousam sonhar que é possível ser protagonista da história que está sendo escrita agora. A melhor parte está à frente, e a tecnologia móvel é um capítulo fundamental dela. Que esta leitura te ajude a descobrir seu papel.

Fabricio Bloisi
CEO da Movile

Introdução

A mudança é inexorável e contínua em nossas vidas. No entanto, quando falamos em tecnologia, ela também é cada vez mais rápida. E tem se tornado ainda mais veloz com *mobile*. Há pouco mais de duas décadas, o celular tinha o formato de uma caixa de sapatos com antena e era um *gadget* para poucos. Na verdade, eles nem eram muito móveis e era necessário ter os braços fortes para carrega-los por aí. A tecnologia móvel foi muito aprimorada desde então, especialmente nos últimos dez anos. Hoje, os celulares podem ser tão pequenos quanto uma caixa de fósforos, são mais poderosos do que muitos computadores e tão úteis para o homem quanto o próprio cérebro. O celular hoje é quase como um novo sentido físico que abre as portas da percepção de um novo mundo não apenas virtual, um mundo conectado. Não é à toa que, quando estamos longe dele, nos sentimos fora do Universo.

O que antes servia apenas para fazer ligações telefônicas, agora traz as possibilidades infinitas de um computador de mão, no qual o que talvez menos se faça sejam ligações telefônicas. Você troca mensagens com seus parentes e amigos, solicita um meio de transporte, pede comida, agenda um restaurante ou um cabeleireiro, lê notícias, busca informações, faz compras. Muitas pessoas agora também têm o controle de seus empreendimentos e de suas equipes literalmente na palma da mão.

A mobilidade tem transformado a forma como fazemos negócios, a maneira como nos relacionamos, o que inclui a linguagem, e praticamente todas as áreas do conhecimento humano. *Mobile* é a tecnologia de adoção mais rápida em todos os tempos. Em nenhuma outra a comparação entre a redução de custo e o aumento de desempenho e velocidades teve variações tão drásticas em tão pouco tempo. A adoção dos padrões 3G e 4G, por exemplo, superou a de todas as outras tecnologias, chegando a três bilhões de conexões em menos de 15 anos, com projeção para superar a casa dos oito bilhões de conexões até 2020. *Mobile* mudou a mídia, a saúde, a política, a música, a forma como criamos nossos filhos. Assim, podemos afirmar, sem sombra de dúvidas, que *mobile* mudou o mundo.

No entanto, a mudança é muito mais profunda. Mobile transformou as pessoas e o consumidor, o objetivo final de todas as marcas, produtos e serviços. *Mobile* é considerado hoje o meio de marketing digital mais próximo do consumidor. Um consumidor que deixou uma atitude passiva, de mero espectador das exposições das marcas, para exercer seu poder fundamental de escolha com uma interatividade nunca antes vista. Mais do que isso, que ultrapassou os limites das salas e dos horários nobres e agora precisa ser impactado em movimento, em qualquer hora, em qualquer lugar. Na era da mobilidade, o contexto é rei.

A transformação da qual somos testemunhas representa uma clara oportunidade para diversos *players*. Não é à toa que *mobile* é tema prioritário na agenda da grande maioria das empresas, pois hoje tem influência direta em seus resultados, no empreendedorismo e na liderança. Os maiores desafios estão em dimensionar as oportunidades e responder rapidamente de forma inovadora e, se possível, disruptiva. Porém, é necessário ter um propósito capaz de inspirar consumidores em movimento. Um propósito muito além da tecnologia e das vantagens econômicas. É necessário servir acima de tudo.

A mobilidade teve impacto significativo na comunicação, seja ela entre dois amigos ou entre uma marca e seu consumidor. Mudou também nosso estilo de vida, onde os serviços precisam se adequar à agilidade de um dedo ou de um comando de voz se quiserem seguir adiante. Até mesmo as telas horizontais, às quais fomos condicionados pela TV, pelo cinema e pelo próprio desktop, mudaram de ângulo. Enfim, a transformação móvel nos arremessa em um novo período da História, que pode ser denominado "A Idade da Conexão". Uma era *mobile centered*.

Este livro é sobre a transformação e os desafios dos consumidores conectados. Será uma conversa em grupo, entre você, eu e as mentes mais brilhantes do mercado mobile na América Latina. O objetivo não é apenas gerar novos *insights* e ajudar você a dimensionar e tomar decisões diante das oportunidades. É ajudá-lo a pensar de maneira disruptiva. Isso passa por compreender a abrangência da tecnologia na liderança e nos negócios, os desafios e obstáculos a serem superados, como satisfazer as expectativas do consumidor cada vez mais plugado e, principalmente, como medir os resultados da demanda com meios de comunicação cada vez mais fragmentados.

Sou um apaixonado pela mobilidade e pelo empreendedorismo. Nos últimos 20 anos, tenho me dedicado a transformar ideias e *startups* em empreendimentos de sucesso, no papel de fundador, mentor, *advisor* ou como investidor anjo. Minha experiência com a conectividade vem desde a época em que ajudava hotéis a distribuir Internet para seus hóspedes. Mobile virou paixão quando percebi que a conectividade permitiria construir relações de longo prazo entre pessoas. Em 2013, encontrei um novo desafio e atuo como *Managing Director* da MMA - *Mobile Marketing Association* para a América Latina com o objetivo de educar todo o ecossistema de marketing e publicidade, incluindo anunciantes, agências e empresas de *adtech* e *martech* através de diversos eventos, workshops, *masterclasses* e do desenvolvimento de conteúdos e insights estratégicos voltados para a mobilidade.

Para trazer este conteúdo para você, contei com a parceria e colaboração de Guga Stocco, cofundador da Koolen & Partners Venture Capital e da DOMO Invest. Guga, além de palestrante, membro do *board* e consultor de empresas como Buscapé, Totvs e B3, é uma das mentes mais brilhantes do país quando o assunto é inovação e disrupção de mercados. Ele participou do lançamento de um dos primeiros shoppings virtuais do Brasil, o Shopping UOL. Com a Domain Names, desenvolveu um dos primeiros meios de pagamento próprio que logo transformou a empresa em líder no segmento na America Latina, vendida para a Verisign. Em uma época em que as pessoas utilizavam o Cadê ou faziam suas buscas através dos portais, Guga também foi um dos pioneiros no leilão de cliques patrocinados. Criou uma empresa chamada TeRespondo, que passou a gerenciar e fazer leilão de buscas de praticamente todos os grandes portais. Com o sucesso, a empresa foi vendida para o Yahoo.

Depois disso, ele foi para a Microsoft, cuidar da área de *search*. Participou da construção do datacenter e desenvolveu inúmeros produtos em conjunto com o time de Seattle. Entrou no Buscapé, onde assumiu o cargo de vice-presidente da área de desenvolvimento de negócios, e participou da aquisição de mais de quinze empresas. Entre elas a Lomadee, plataforma de afiliados, a qual ajudou a multiplicar o faturamento de 12 milhões para 1 bilhão anuais.

Guga, então, decidiu abrir um fundo de *venture capital* com um dos fundadores da Buscapé, Rodrigo Borges, e com Kees Koolen, um dos criadores da Booking.com, o Koolen & Partners Venture Capital, com foco em Internet e Mobile. No meio do caminho, encontrou Henrique Meirelles, que o convidou para criar um banco digital. No Banco Original, o primeiro banco 100% digital, também foi pioneiro ao lançar a primeira abertura de conta corrente por celular aprovada pelo Banco Central e a plataforma Open Banking, que permite a consulta de saldo através do Facebook e do Instagram. Com isso, ganhou o prêmio de Personalidade Financeira do Ano no Prêmio Relatório Bancário em 2016.

Ele também é um dos fundadores da *asset management* Domo Invest, cujo foco é investimento em startups no *early stage*. Guga é um estudioso de como a disrupção vem transformando a sociedade em áreas diversas como entretenimento, varejo e sistema financeiro. Em palestras pelo Brasil, Estados Unidos e Europa, ao longo dos últimos seis anos, ele tem falado sobre temas de ponta como *fintechs*, inteligência artificial e unidades monetárias online.

Seu pioneirismo não para. Hoje ele participa do MoneyEX, um centro de pesquisa e desenvolvimento para o mundo de finanças. A ideia é que bancos possam usar serviços do mundo inteiro dentro de um único *cloud*. Ele também é Embaixador da SRI International para o Brasil, uma empresa de pesquisa sem fins lucrativos que nasceu na Universidade de Stanford.

Nosso objetivo com este livro é ajudar você a estabelecer seu propósito diante da grandiosa transformação e das inúmeras oportunidades que a mobilidade conectada proporciona, seja você um empreendedor, seja um executivo de uma empresa.

O primeiro capítulo deste livro, **"Brave New World"**, mergulha nas transformações que a mobilidade imputou em nossa maneira de fazer negócios, nas empresas e nas agências. Uma mudança integral, de dentro para fora e de fora para dentro. Você vai conhecer os pontos de vista das mentes que influenciaram essa transformação, descobrir o momento em que se deram conta de que o mobile mudaria completamente o jogo e se aprofundar na transformação nas empresas e nos empreendedores.

O segundo capítulo, **"A Liderança na Era da Disrupção"**, apresenta o impacto deste admirável mundo novo no papel do líder e dos diversos perfis de liderança. Como toda tecnologia, *mobile* tem um custo, mas, ao mesmo tempo, gera oportunidades de valores incalculáveis. Você vai descobrir por que e como preparar seu negócio para o amanhã e os *drivers* que os líderes da mobilidade têm seguido na condução de seus negócios.

"Os Desafios da Mobilidade", o terceiro capítulo, foca nos obstáculos inesperados que um mercado conectado apresenta, em como medir resultados através de diversos modelos de atribuição, obter retorno sobre seus investimentos e como educar seu time e seus consumidores para os tempos de conexão ubíqua.

O objetivo do quinto capítulo, **"Problem Solved!"**, é detalhar os diferenciais estratégicos exigidos para entregar produtos e serviços que ultrapassem as expectativas do novo consumidor. Vamos também analisar alguns modelos de negócios, sejam eles *Mobile First* ou *Mobile Only*, e mostrar por que *mobile* precisa se tornar uma de suas prioridades.

"A Experiência do Consumidor Conectado", o sexto capítulo deste livro, fala substancialmente do consumidor no comando, de qualquer hora e de qualquer lugar. Faremos um contraponto entre os velhos e novos hábitos e o impacto destes nas marcas, produtos e serviços. Você vai descobrir como a multiplicação das telas, a disrupção nas interfaces e a descentralização do consumo de conteúdo têm desafiado as marcas e quais as soluções para se posicionar à frente neste cenário.

No sétimo capítulo, **"Comunicação Disruptiva"**, você vai entender como as agências estão lidando com os avanços da mobilidade da comunicação diante da fragmentação dos meios, formatos e mensagens. Vamos falar de contexto e relevância e de como a tecnologia pode ser um *enabler* da criatividade, além das melhores práticas para aproximar marcas e consumidores.

"A Era da Ubiquidade", tema do oitavo capítulo, traz uma visão abrangente do impacto da alta conectividade, do engajamento e da onipresença nos hábitos de consumo. Você vai saber por que a Internet das Coisas, a computação ubíqua, Big Data e a tecnologia cognitiva e analítica abrem um leque gigantesco de oportunidades para novos modelos de negócios.

Por fim, **"Next!"**, o último capítulo do livro, apresenta as visões dos principais executivos e empreendedores para os próximos anos. Eles falam sobre o que foi e o que pode se tornar disruptivo em breve, como Inteligência Artificial, Geolocalização, Realidade Virtual, Realidade Aumentada e computação ubíqua, entre outros.

Vale ressaltar também que não escrevemos este livro sozinhos, nem poderíamos. Fizemos questão de trazer a visão de quem empreende, de quem é responsável pela conexão com o consumidor dentro de algumas grandes marcas e de quem toca as agências responsáveis por levar essas marcas e seus produtos e serviços até as mãos do usuário. Trouxemos a experiência de homens e mulheres que estão transformando negócios através do mobile, o maior agente de transformação e disrupção em grandes e pequenos negócios, e, com esse espírito, nos movemos para entregar este conteúdo a você.

Guga e eu conversamos com empreendedores natos e investidores, como André Ferraz, que, a partir de um projeto criado por alunos do Centro de Informática da Universidade Federal de Pernambuco, transformou sua empresa, a In Loco Media, em referência em localização *indoor* no mundo; Edu L'Hotellier, fundador da GetNinjas, um negócio da nova economia compartilhada que conecta profissionais de serviços em três mil cidades do Brasil e gera mais 200 milhões de reais por ano para essa cadeia de colaboradores; Juan Carlos Goldy, fundador e CEO da Logan Media, empresa de mobile marketing que nasceu na argentina e que atinge milhões de consumidores móveis na América Latina; Rodrigo Borges, cofundador do Buscapé, empreendedor e investidor serial de diversos negócios digitais como Hotmart, Men's Market e Ubook; Gustavo Caetano, eleito pelo MIT uma das 10 mentes mais inovadoras do Brasil, fundador da Samba Tech, empresa que transformou a distribuição e o consumo de vídeo no país; Alberto "Banano" Pardo, fundador e CEO da AdsMovil, empresa que nasceu na Colômbia em 2009 e que, hoje, com escritórios em sete países, já entregou mais de 25 mil campanhas de mobile programático para centenas de clientes; Ana Julia Ghirello, empreendedora serial que foi COO do bomnegocio.com e da OLX e hoje é fundadora e CEO da Honeycomb, do Abellha e do app GoodPeople.

Conversamos com executivos das maiores marcas do Brasil e do mundo, como Tati Ponce, Vice-Presidente de Inovação e Diretora de Marketing para as Américas da BDF Nivea; Eduardo Campanella, Vice-Presidente de Marketing de *Personal Care* para o México e Caribe da Unilever; Victor Kong, Presidente da Cisneros Interactive, divisão do Grupo Cisneros focada no desenvolvimento de negócios digitais para o mercado hispânico nos Estados Unidos e para a América Latina; e Natasha Volpini, *Head of Media & Content* na Heineken Brasil.

Trouxemos também a experiência de fundadores e executivos dos maiores grupos de comunicação e agências digitais e tradicionais do país, como Marcelo Castelo, um dos fundadores da F.Biz e da MUV, integrantes do Grupo WPP. A MUV surgiu em 2004, como uma unidade de marketing mobile dentro da F.Biz, e ganhou vida própria após um *spin-off* com a missão de unir os mundos das telecomunicações e da publicidade; Bob Wollheim, um dos pioneiros da Internet do Brasil, empreendedor serial, *Head of Digital* do Grupo ABC e sócio da MuchMore; Guilherme Gomide, empreendedor que criou a MapLink, uma das primeiras empresas de mapas e geolocalização do Brasil, fundador e CEO da Mirum, também integrante do Grupo WPP; Leo Xavier, CEO e um dos fundadores da Pontomobi, hoje integrante da Isobar, um dos maiores grupos de comunicação *digital native* do mundo controlado pela Dentsu; Hugo Rodrigues, Chairman e CEO da W/McCann, eleito um dos mais admirados e influentes executivos da propaganda brasileira pela Agency Scope e pela GQ Magazine; e Marcelo Lobianco, também um dos pioneiros da Internet no Brasil,

CEO da Sapient/AG2, agência que pertence ao Grupo Publicis.

Também quisemos conhecer a visão dos maiores criativos da comunicação digital e mobile, como Guilherme Jahara, com passagens por Publicis, DDB, Leo Burnett e hoje *Chief Creative Officer* da F.Biz; e Eco Moliterno, que além de um talentoso ilustrador presente em muitas capas das maiores revistas do país, tem no currículo agências como Tesla, Wunderman, Y&R, Africa e hoje é *Chief Creative Officer* da Accenture Interactive. Com isso, espero passar uma visão múltipla e abrangente sobre os temas aqui discutidos, como não poderia deixar de ser, já que estamos falando de e para pessoas em movimento.

Porém, apesar de ser um livro em que a tecnologia está presente como um fio condutor indivisível, o ponto focal de DISPLACED é você. Queremos te provocar a sair da sua zona de conforto. Não podemos nos esquecer de que a tecnologia, por mais avançada que seja e que se torne, é apenas um meio de conectar, de aproximar, de prover soluções para nossos mais diversos problemas. Leo Xavier,

CEO da Pontomobi, resumiu com perfeição esta ideia:

"No final das contas, é tudo sobre pessoas."
Leo Xavier

Como também não poderia deixar de ser, um livro que fala de mobilidade e conectividade precisa ultrapassar as fronteiras de seu próprio meio. Você também vai poder interagir e compartilhar experiências sobre como mobile tem impactado sua vida ou seu negócio. Para isso, poderá enviar sua visão sobre as questões levantadas no final de cada capítulo através de um Whatsapp exclusivo para os leitores de "DISPLACED". Basta incluir a *hashtag* disponível no box "Interação" no fim de cada capítulo e enviar suas percepções e visões sobre cada assunto para o Whatsapp **(11) 99427-1155**.

Você está pronto para o novo mundo *fora da sua zona de conforto?*

Brave New World

Algumas palavras podem ter seu uso comprometido por conta de conceitos, e muitas vezes de pré-conceitos, que seus significados sugerem. Revolução é uma delas. Quando Aldous Huxley começou a escrever "Admirável Mundo Novo", ele imaginava uma paródia sobre as utopias encontradas nas obras de ficção científica da época. Enquanto viajava de barco entre Singapura e as Filipinas, em 1931, caiu em suas mãos uma cópia do manifesto *"My Life and Work"*, que Henry Ford escrevera dez anos antes. Com os novos *insights* e em apenas quatro meses, Huxley trouxe à luz uma das mais controversas distopias já escritas. Pode-se afirmar que Ford, além de revolucionar a cadeia produtiva, também contribuiu para que Huxley revolucionasse a ficção científica. E, assim como ele afirma em sua obra, revoluções acontecem exatamente quando "um oásis anômalo de pura lógica ocorre em meio a um mundo repleto de incoerências". Foi exatamente o que Steve Jobs fez em 2007. O iPhone não foi o primeiro smartphone do mundo. Mas o verdadeiro *displacement* teve início quando a Apple lançou um oásis atraente de pura simplicidade em meio a um mundo repleto de aparelhos complexos e nem um pouco amigáveis.

Para se ter uma breve ideia do que a mobilidade foi capaz, vamos fazer uma rápida volta no tempo no mercado de segurança da informação. Na década de 60m surgiram os primeiros sistemas de segurança física de Datacenters e os sistemas de senhas. A década de 70 trouxe a criptografia. Depois, na década de 80, com o *boom* da tecnologia dos computadores pessoais e nas empresas, surgiram os antivírus e *firewalls*. Na década seguinte, explodiram VPNs, sistemas de análise de fraudes eletrônicas, de detecção e prevenção de intrusos, de segurança de dados e logs. O novo milênio trouxe chips EVM, PIN *cards*, *Honey Pots* e *deception grids*, *auto patching*, *cloud security* e escaneamento de aplicações dentro e fora das nuvens. A partir de 2007, com a popularização do smartphone (*Thanks, Steve!*), praticamente todas essas tecnologias foram embarcadas em um único *device*. Sim, hoje você pode carregar quatro décadas de avanços tecnológicos na palma da mão. De lá para cá, vivemos praticamente uma revolução por minuto.

Educação, entretenimento, agricultura, saúde e ativismo são também exemplos de áreas que mobile revolucionou nos últimos anos. A participação de *mobile* no PIB cresce a uma taxa anual de 15% e pode continuar, ou mesmo acelerar, à medida que os consumidores e as empresas descobrem continuamente novas aplicações, cada vez mais avançadas, para tecnologias móveis. "A cada dois anos muda praticamente tudo e surge algo mais desafiador e interessante", corrobora Marcelo Castelo, da MUV.

Existem muitos livros e conteúdos que apresentam e detalham essas transformações nos mais diversos segmentos da sociedade e nela como um todo. Um dos que recomendo é *"TXT ME - Your phone has changed your life, Let's talk about it"*, de B. Bonin Bough, um dos mais celebrados executivos de marketing da atualidade com passagens pela PepsiCo e Mondelēz. Portanto, neste capítulo, não vou me arriscar a soar repetitivo. O objetivo aqui é mergulhar na revolução que a mobilidade imputou em nossa maneira de fazer negócios, nas empresas, no empreendedorismo e nas agências e, sobretudo, como elas se adequaram para atender e satisfazer o consumidor conectado. Porque além do consumidor, *mobile* também arremessou os negócios à onipresença, ao *Anytime, Anywhere*.

Isso significa que, assim como o horário nobre, o horário comercial já não é mais suficiente para as marcas que desejam andar mais próximas de seus clientes finais. Significa também atravessar as paredes dos escritórios ou as plantas das fábricas para poder caminhar lado a lado com eles. As mudanças no comportamento do consumidor também geraram mudanças internas nas empresas, nos perfis de liderança, gerência e colaboradores. As hierarquias verticais têm enfrentado problemas para acompanhar a horizontalização que a esta revolução pela qual passamos imputou nos mercados. Gigantes simplesmente desapareceram com a chegada de companhias tão leves quanto seus apps.

Outra mudança fundamental é que, antigamente, as empresas criavam seus produtos e serviços, os colocavam no mercado e iam construindo a demanda através da comunicação e da mídia. Hoje, é possível saber exatamente o que o consumidor deseja, antes mesmo de investir em um produto ou serviço, e falar diretamente com ele, sem a necessidade de atirar com o canhão da mídia de massa para acertar no alvo com o tamanho e não com a precisão da bala. Além de mais eficiência, isso também tem impacto no ROI. Mobile reduziu custos, aumentou as receitas e isso significa maiores lucros.

Uma pesquisa da *BCG Perspectives* feita nos Estados Unidos, Alemanha, Coreia do Sul, Brasil, China e Índia, revela que o valor que os consumidores atribuem às tecnologias móveis varia entre 700 e 6 mil dólares por usuário. Os dados mostram um valor agregado anual de 6,4 trilhões de dólares acima do custo dos dispositivos e serviços nesses seis países. Esse superávit associado de consumidores das tecnologias móveis excede o PIB de todos os países do mundo, exceto os dos Estados Unidos e China. Outra pesquisa, desta vez do eMarketer, afirma que o gasto com propaganda mobile vai ultrapassar o da TV em 2020.

Um ponto que precisa ser levantado é que, quando as transformações são muitas, as oportunidades aparecem no mesmo ritmo. Talvez uma das maiores dificuldades na compreensão da gigantesca capacidade do *mobile* de criar novos negócios bilionários esteja na conotação ainda restrita com o aparelho celular ou com aplicativos que muitos ainda insistem em empregar. *Mobile* não é apenas celular, é computador com superprocessamento, geolocalização e inteligência. É um aparelho que dorme e acorda a menos de dois metros de seu dono. *Mobile* não é e nunca foi apenas aplicativos, são *mobile* sites, e-mail, social media, SMS, search, *devices*, sistemas operacionais, Market Places, entre outros. *Mobile* é toda uma cultura e, portanto, uma maneira mais efetiva de fazer negócios.

> **"Mobile tem audiência ávida, esperando por novos produtos e negócios".**
> *Bob Wollheim*

Não preciso ir muito mais longe para explicar por que *mobile* é tema prioritário em 82% das organizações. Bob Wollheim, *Head of Digital* do Grupo ABC, conta que Assis Chateaubriand teve que importar aparelhos de TV para apresentar o produto TV no Brasil. Ou seja, ele precisou criar público, fazer as pessoas se interessarem por aquela nova descoberta. Com mobile, acontece justamente o contrário. "Mobile tem audiência ávida, esperando por novos produtos e negócios", ele completa.

O fato é que mobile tem transformado as marcas, independentemente de seus tamanhos, produtos, serviços e empreendimentos nos mais diversos segmentos. Uma mudança que não mais diferencia dentro ou fora, longe ou perto, rico ou pobre. *Mobile* elevou a computação ao status da ubiquidade e falaremos mais a fundo sobre isto no sétimo capítulo.

A Transformação nas Empresas

Eduardo Campanella, Vice-Presidente de Marketing de *Personal Care* para o México e Caribe da Unilever, afirma que *mobile* não se trata apenas de prioridade, mas de uma necessidade, uma garantia de existência das marcas. "*Mobile* é parte da estratégia da Unilever para oferecer melhores serviços. Se hoje uma ideia não funciona em *mobile*, ela não vai para frente". Mas há de se tomar alguns cuidados. "Se a marca não souber como fazer isto bem feito, ela corre o risco de se tornar uma interrupção, em vez de gerar valor. Para isso, é necessário ter um grande poder de adaptação".

Adaptação talvez seja a palavra mais precisa para definir Campanella. Ele começou a trabalhar na Unilever em 2003, como estagiário da área de Trade Marketing. Depois de se formar em Administração de Empresas na PUC-SP, foi trabalhar como Analista de Processos de Negócios na Knorr. No ano seguinte, foi contratado pela CCA como Gerente de Desenvolvimento da Marca para a América Latina. Em 2006, na Natura, liderou a divisão de novos negócios até que, em 2008, retornou à Unilever, onde está até hoje, passando pelos mais diversos cargos, sempre em posições que o colocavam diante das necessidades e desejos do público-alvo dos produtos da empresa. "Sempre estive muito próximo do consumidor, de fazer marca e consumidor se conectarem".

Um dos cases mais icônicos da gigante multinacional foi *"Romeo Reboot"*, uma versão da tragédia Shakespeariana para a linha Axe desenvolvida pela Agência CUBOCC. A aposta foi no entretenimento atrelado ao social e à mídia programática. O objetivo principal era sofisticar a experiência da personalização e elevar a customização a seu nível máximo. Foram produzidos quatro curtas-metragens com versões modernas de Romeu e Julieta, dirigidos por grandes nomes do mercado brasileiro, uma versão para cada grande segmento do público-alvo do desodorante masculino. Por meio da mídia programática e monitoramento em tempo real, os quatro vídeos se transformaram em 100 mil versões diferentes, entregues em *clusters*, com base nos gostos e preferências individuais, o que incluía bandas favoritas e marcas admiradas. Das onze cenas de cada curta, seis podiam variar de acordo com as preferências de quem assistia. As variações apresentavam cenas de ação, de mistério, de ficção científica, mais românticas ou mais sensuais, entre outras combinações. Cada segmento podia ser impactado por até 25 mil vídeos diferentes e os resultados foram fantásticos, atingindo em cheio as audiências desejadas.

Outra gigante que se preparou e se adequou à revolução móvel é a Nivea. "A Nivea sempre foi uma empresa democrática, que está há mais de 100 anos presente na vida das pessoas. Uma marca que não parou no tempo, mas conserva as características que a fizeram chegar até onde chegou", afirma Tatiana Ponce, Vice-Presidente de Inovação e Diretora de Marketing para as Américas. "Valores como cuidado, confiança, proximidade e carinho são parte do DNA. E nosso posicionamento é acompanhar o consumidor na jornada que o *mobile* dispõe, sem abrir mão de nossos valores. Então, tudo que você for ver da Nivea feito para o *mobile* certamente será permeado de experiências que possam transmitir nosso DNA", completa.

O resultado dessa política rendeu *o primeiro (e único) Grand Prix Mobile* em Cannes em 2014. Criado pela FCB Brasil para o protetor solar da Nivea, o objetivo era combinar a confiança dos meios tradicionais de publicidade com a inovação das novas tecnologias. Foi criado um anúncio de revista, onde um bracelete podia ser destacado e colocado no braço de uma criança na praia. As mães, então, faziam download de um aplicativo chamado Nivea Protege, que podia ser pareado com o bracelete, além de definir uma distância máxima que a criança poderia alcançar antes de disparar um alarme. O anúncio foi publicado em revistas voltadas para jovens mães cariocas e foi um sucesso, resultando em um aumento de 62% nas vendas da Nivea no Rio. Em outra ação, um banner usava a geolocalização para apresentar a temperatura local e indicar a necessidade de usar um protetor solar. Sem dúvida, casos que reforçam a importância de atrelar a tecnologia a uma boa ideia. Apps e tecnologias em geral não funcionam se não houver uma grande ideia por trás.

Tatiana confirma essa percepção, dizendo: "*Mobile* - se bem utilizado - aproxima e não afasta, promove educação, melhoria de vida, informa e traz acessibilidade. E, quando menos se espera, acaba virando hábito".

A Transformação nos Empreendedores

Gustavo Caetano fundou a Samba Tech em 2004, com apenas 22 anos. Em pouco mais de uma década, a empresa já passou por diferentes fases, algumas delas de extremo risco. Mas, por conta de olhar sempre aguçado de Caetano para o mercado e para as tecnologias emergentes e ações efetivas em curtos espaços de tempo, a Samba é um case quando o assunto é inovação. Sempre triunfou porque observou as mudanças do mercado, agiu rápido na tomada de decisões e inovou em seus serviços.

Ainda na faculdade, Caetano passava muito tempo em terminais rodoviários entre Belo Horizonte e Araguari, sua cidade natal. *Early adopter* de tecnologias emergentes, ele já possuía o celular mais avançado da época, o que não era uma grande vantagem, já que as conexões eram pobres e as ofertas de games insignificantes. Ele conseguiu enxergar uma oportunidade nisso. Iniciou uma pesquisa e, para sua surpresa, descobriu que o mercado de games para celulares era novidade até mesmo nos Estados Unidos, mas que já avançava no continente europeu, especialmente na Inglaterra. "Enviei e-mails para algumas desenvolvedoras de jogos, me oferecendo para ser distribuidor delas no Brasil, e uma delas me convidou para participar de uma reunião em Londres. Eu só precisaria levar um plano de negócios". Foi o que ele fez, e a empresa aprovou. Mas havia um problema bem maior. "Eu não tinha ideia de onde tiraria o dinheiro para iniciar a empresa no Brasil. Fui pedir para meu pai, mas após apresentar a ideia, ele me perguntou onde eu arranjaria dinheiro para *startar* o negócio". A solução veio através de um amigo rico de seu pai, Almir Gentil, ex-diretor de Marketing da Unimed no Brasil. Gentil apostou no sonho de Caetano e investiu 100 mil dólares na Samba Mobile. O negócio começou bem, até que a cadeia de valor foi dominada completamente pelas operadoras de telefonia móvel. "Os jogos que a Samba comercializava também começaram a enfrentar outro grande problema com a chegada das gigantes dos games, EA, Eidos e Gameloft, ao mercado nacional. Elas traziam games licenciados dos maiores *blockbusters* do momento".

Caetano mudou o plano de negócios da Samba para vender os jogos pela Internet e fechou acordo com alguns portais. Porém, a velocidade precária da Internet na época não contribuía para o download e o modelo de negócios não funcionou. "Foi quando percebi que as pessoas estavam consumindo cada vez mais vídeos no celular e que o tráfego começava a migrar para mobile. Resolvi apostar minhas fichas no *streaming* de vídeo." De lá para cá, a Samba Tech se tornou uma das empresas mais inovadoras do Brasil e líder na distribuição de vídeos na América Latina. "Uma coisa que sempre falo para meus funcionários é que, se você traz um problema e não traz uma solução, você é parte do problema". Ao distribuir vídeos, a empresa identificou um novo problema no mercado: a ineficiência na distribuição de publicidade em vídeo. E apresentou a solução através da SambaAds, divisão que recebeu investimentos de cinco grandes empresas de *venture capital*, consolidando-se no Samba Group. Em 2016, através de uma parceria com a Microsoft, a Samba deu um novo salto na qualidade da entrega de seus vídeos e também nos negócios. E uma nova oportunidade foi identificada. A Samba lançou o Kast, um aplicativo de mensagens de áudio e vídeo que inovou a comunicação interna das empresas, tornando-a mais acessível para os colaboradores e com garantia de segurança completa da informação. O app, disponível para iOS e Android, passou a integrar o Office 365, a suíte de aplicações para escritórios da própria Microsoft.

Muitas pessoas que precisam reformar ou fazer reparos em sua casa ou escritório têm dificuldades em encontrar profissionais capacitados, ou mesmo indicações que passem segurança e ofereçam um serviço de qualidade. Foi com esse pensamento que Edu L'Hotellier, outro que cresceu com a inquietude de ter seu próprio negócio, fundou a GetNinjas, empresa que se tornou a maior plataforma de contratação de serviços do Brasil. A GetNinjas oferece serviços de profissionais em centenas de categorias, como pedreiros, pintores, encanadores, eletricistas, marceneiros, arquitetos, decoradores, entre outras. "No final do ano de 2010, percebi que a rede estava cheia de sites para compra de cupons e produtos, mas não havia nada que solucionava o problema de contratar prestadores de serviços de confiança. Lancei um protótipo em outubro de 2010 e, em setembro de 2011, a *startup* recebeu investimentos de dois grandes fundos de capital de risco". Seguindo a obsessão de Steve Jobs pelo produto perfeito, Edu sonhava em tornar a experiência de contratação de serviços tão boa quanto a da compra de produtos. E *mobile* alavancou muito esta história.

No começo, as cotações eram feitas por e-mail. Com o celular e o SMS, o impacto na operação foi significativo. Mesmo assim, o tempo de resposta girava em torno de três dias. Com a maior conectividade das pessoas e a popularização do smartphone, o *delay* entre o pedido do serviço e o contato do profissional leva em média três minutos. Segundo Edu, *mobile* é também uma tecnologia muito forte para o desenvolvimento e integração social. "Hoje, vemos pessoas que talvez não tivessem oportunidades se não fossem as tecnologias móveis. Elas permitem mais conhecimento, informação, gerar renda e oportunidades de ganhos enquanto as pessoas estão estudando ou vão para o trabalho. Os indivíduos se conectam e se desenvolvem de uma forma muito mais barata do que antes. *Mobile* também cria mais oportunidades financeiras e de aprendizados". A disrupção da mobilidade nos serviços vai além. "Em um futuro próximo, as diferenças sociais vão diminuir com o maior acesso à tecnologia móvel. *Mobile* é uma forma de combater a desigualdade social e aumentar a qualidade de vida", ele completa.

Como podemos perceber, a revolução móvel disrompeu a forma de fazer negócios e das marcas conversarem com seus consumidores. É um caminho sem volta. As empresas que não incluírem a mobilidade em seus modelos de negócios e estratégias estão fadadas ao plano das incoerências, conforme Aldous Huxley previu.

A transformação é inexorável em praticamente todos os campos e indústrias. E isso também causou um impacto profundo na maneira de liderar. É o que veremos no capítulo seguinte.

Key Takeways

1. Hoje, com mobile, carregamos quatro décadas de avanços tecnológicos na palma da mão.
2. A participação de mobile no PIB cresce a uma taxa anual de 15% e pode continuar, ou mesmo acelerar, à medida que os consumidores e as empresas descobrem continuamente novas aplicações.
3. Mobile arremessou os negócios à onipresença, ao *Anytime, Anywhere*.

4. As mudanças no comportamento do consumidor também geraram mudanças internas nas empresas, nos perfis de liderança, gerência e colaboradores.

5. Mobile reduziu custos, aumentou as receitas e isso significa maiores lucros.

6. Quando as transformações são muitas, as oportunidades aparecem no mesmo ritmo. Mobile é toda uma cultura e, portanto, uma maneira mais efetiva de fazer negócios.

7. Mobile tem audiência ávida, esperando por novos produtos e negócios.

8. Se a marca não souber como fazer isto bem feito, ela corre o risco de se tornar uma interrupção, em vez de gerar valor. Para isso, é necessário ter um grande poder de adaptação.

9. Apps e tecnologias em geral não funcionam se não houver uma grande ideia por trás.

10. Em um futuro próximo, as diferenças sociais vão diminuir com o maior acesso à tecnologia móvel. Mobile é uma forma de combater a desigualdade social e aumentar a qualidade de vida

Interação

Para você, qual foi a maior transformação causada por *mobile*?

Envie sua resposta com a *hashtag* *#transformação* para o Whatsapp (11) 99427-1155

.

A Liderança na Era da Disrupção

Foco talvez seja uma das palavras mais propagadas do mundo corporativo. Uma boa definição de um líder bem-sucedido seria aquele que conduz a empresa em seus objetivos de mercado, mantendo-se na linha de uma visão e missão definidas com base em um planejamento prévio, o que requer foco. Mas como manter o foco em um mundo onde produtos e serviços se tornam obsoletos da noite para o dia, multinacionais, que antes dominavam seus mercados, são ultrapassadas por *startups* criadas ontem e o consumidor já não demonstra a mesma fidelidade diante da multiplicidade de experiências às quais é exposto todos os dias? Leo Xavier, da Isobar, traz uma luz para esta questão: "Tudo será redefinido por mobilidade. Processos, empresas e indústrias. Mobile, na minha visão, é sobre dar superpoderes para as pessoas. As marcas que compreenderem isso serão as donas do jogo na relação com seus consumidores".

O termo "disruptivo" se tornou um dos mais propagados da economia atual. Mas o que é exatamente uma disrupção? Basicamente, ela descreve um processo de inovações e transformações profundas e irreversíveis em conceitos de negócios existentes. A teoria da disrupção foi criada em 1997, pelo economista americano Clayton Christensen, e foi chamada de "O Dilema do Inovador". O termo é uma mistura de destruir e interromper. Segundo Christensen, mesmo empresas estabelecidas e bem-sucedidas estão ameaçadas de desaparecer do mapa devido ao processo de destruição e interrupção que se acentuou com a mobilidade. E os líderes precisam estar constantemente atentos a isso.

Os avanços tecnológicos, a revolução causada por *mobile*, a automação e o tempo real como parâmetro para a tomada de decisões estão transformando o estilo de liderança e ultrapassando o foco em receitas e lucros no pensamento das organizações. Essas mudanças tendem a se acentuar com o aprimoramento de tecnologias de inteligência artificial, geolocalização, Big Data, robótica e "coisas conectadas". Isso não significa que receitas e lucros não sejam mais importantes, mas não bastam para definir a relevância de um líder dos tempos atuais. Podemos comparar o líder do Século XX com um capitão de um navio, cruzando decidido o Atlântico com base em uma carta de navegação preparada dias antes da viagem. O novo líder também requer uma carta de navegação, mas precisará estar muito mais preparado para desvios de rota, para lidar com ventos de todas as direções e ainda superar navegantes mais rápidos e eficientes para não afundar nos redemoinhos do mercado.

O fato é que a tecnologia tem feito o tempo se comprimir. Basta olhar para os avanços que começaram com a construção do primeiro computador, passando pelo computador pessoal, a Internet comercial, as redes sociais e o smartphone. *Mobile* é a adoção tecnológica mais rápida de todos os tempos. Assim, liderar na era da disrupção requer novas habilidades, capacidades e valores. É preciso não apenas ter uma compreensão das possibilidades tecnológicas, como ser capaz de unir pessoas e tecnologias. Mesmo não sendo necessário que o líder seja um expert em códigos e dados, entender esta dinâmica cada vez mais rápida e desenvolver uma compreensão robusta do potencial das tecnologias emergentes são habilidades cada vez mais primordiais.

Um dos grandes desafios das tecnologias emergentes é superar pensamentos ultrapassados decorrentes do conhecimento das tecnologias atuais. "Muitas empresas caíram nas armadilhas de comparar Mobile com o desktop", afirma Alberto

"Banano" Pardo, fundador da AdsMovil. "Eu acredito que o mercado agora vive em um modo de aprendizado constante. Alguns têm mais experiência do que outros, mas a tecnologia móvel ainda é nova para todos nós. Agências e anunciantes se adaptaram mais rapidamente do que os veículos, porque muitos deles ainda têm suas receitas baseadas no desktop, mas suas audiências agora são praticamente mobile".

Para colocar seu negócio além da curva e prepará-lo para o amanhã, o novo líder precisa se sentir confortável em meio ao caos. E neste cenário caótico, empreendedores e executivos bem-sucedidos são aqueles que trabalham bem diante de situações e condições desconhecidas. Processos que funcionavam perfeitamente em computadores e redes há pouco mais de dez anos atrás já não são suficientes para atender às demandas que a mobilidade tem imputado ao mercado. E os líderes que têm se destacado são aqueles que demonstram certo nível de conforto diante da desordem, que inovam e reinventam processos sem as amarras e pensamentos limitantes da tecnologia anterior. Para superar o desconforto diante do caos, é preciso compreender e se adaptar aos três *drivers* da mudança das economias e dos mercados dos últimos tempos: globalização, redes sociais e mobilidade.

Globalização

O fenômeno da globalização não é novo. Na verdade, o homem tem uma tendência a fazer parte de grupos cada vez maiores. Famílias viraram tribos, que viraram reinos e depois nações. Hoje, pode-se dizer que estamos às portas de nos tornar Um Planeta. Os amplos efeitos macroeconômicos da globalização que hoje se experimentam acentuaram-se com o fim da Guerra Fria e continuaram avançando com o desenvolvimento de países e mercados emergentes, com os estabelecimentos dos acordos de livre comércio, a criação da Comunidade Europeia e de grupos como BRICs, Mercosul, entre outros.

Mercados emergentes da Europa Oriental, Índia, América Latina, China e o resto da Ásia apresentam cenários para maior crescimento, mesmo com base no risco ajustado. De forma agregada, as estatísticas são impressionantes nas economias crescentes – a China tem apresentado crescimento da ordem de 8% ao ano na última década – nos índices demográficos, com um aumento real do IDH, demandas comerciais, melhorias em infraestrutura e na abertura de mercados antes considerados fechados.

O trabalho de liderar equipes em um mundo globalizado e conectado requer pessoas que têm como hábito a construção de parcerias, seja de um para um, seja de um para muitos. A liderança colaborativa é capaz de unir diversas pontas interessadas em um mesmo projeto, muito além das fronteiras e dos idiomas. Hoje você pode integrar forças de trabalho espalhadas pelo mundo, com culturas e fusos horários diferentes. Um estudo da Harvard Business Review aponta que construir parcerias é uma das competências mais importantes para os líderes globais do futuro. Isso requer criar e fortalecer relacionamentos estratégicos de confiança e de longo prazo, interna e externamente. Outro requisito para isso é a curiosidade em relação a outras culturas. O líder colaborativo aproveita os desafios da comunicação em um ambiente de negócios globais competitivos e acelerados.

Social

Quando o assunto são as redes sociais, os líderes da última década têm feito uma adaptação notável. O que antes era considerado risco e uma perigosa exposição, hoje mostra que o líder está ouvindo e aberto a um diálogo bidirecional com as partes interessadas, o que ajuda a contar a história da empresa, inspirar e atrair clientes e colaboradores. E *mobile* potencializou essa interação.

Enquanto as marcas usam canais de social mídia em sua vantagem, os líderes não ficam muito atrasados a esse respeito. Afinal, a habilidade de comunicação é imprescindível para um bom líder. Não importa se você é executivo ou empreendedor, as redes sociais são parte do arsenal para construir relações mais fortes e confiáveis não apenas com sua equipe, mas também com consumidores.

Estabelecer uma significativa e relevante presença nos canais sociais é parte importante do jogo.

As habilidades da liderança com social incluem escolher os canais mais próximos do público-alvo, entregar conteúdos alinhados com o *mindset* da empresa e que despertem a curiosidade, abrir espaço para a interação, ser um contador de histórias que o público queira ouvir e manter-se longe das controvérsias. É preciso estar preparado para lidar com os críticos e com consumidores insatisfeitos. Outro fator importante a ser levado em conta é o *timing* de presença e de respostas, algo que *mobile* também facilitou bastante.

Mobilidade

O terceiro *driver* econômico da era da disrupção foi *mobile*. Lá se vai pouco mais de uma década desde que a Apple lançou o iPhone, com um design inovador, tela 100% *touch* de 3.5 polegadas, um telão naqueles dias, sem nenhum vestígio dos horrorosos teclados que alguns concorrentes teimavam em exibir e com um preço muito menor do que seus predecessores. Sem mencionar o poder de computação que o time de Steve Jobs conseguiu embarcar em um *device* daquele tamanho. O lançamento foi cercado por certo ceticismo, já que a ainda Apple Computer (a marca foi alterada para apenas Apple logo depois) nunca havia feito um celular ou qualquer aparelho de telefonia antes. No evento de lançamento, Jobs resumiu com a costumeira maestria do que se tratava: "um iPod widescreen com controles *touch*, um celular revolucionário e um dispositivo inovador de comunicação via Internet". E logo, além dos tradicionais celulares, os smartphones substituíram ou tornaram irrelevantes outros aparelhos com uma única função, como o próprio iPod e outros *players* de música, câmeras, calculadoras, lanternas, pen drives e muitos outros. Mais do que isso, passamos a ter um computador conectado à Internet na palma da mão, em qualquer lugar e hora do dia.

Globalmente, a tecnologia móvel tornou-se um motor primário do crescimento econômico, estimulando enormes gastos do setor privado, e mudou profundamente a vida diária em todos os lugares. Mas essa revolução começou alguns anos antes do iPhone. Rodrigo Borges, um dos fundadores do Buscapé, é um dos que acompanhou praticamente todas as etapas da transformação dessa tecnologia. "O Buscapé esteve presente durante toda a evolução *mobile*. Tivemos sites WAP, passamos pelo Pay-Per-Call, site mobile, até chegarmos aos apps. Ao longo desse trajeto, o número de cliques para efetuar uma compra foi sendo reduzido até chegar a apenas um clique". E ele conclui: "Antigamente, o cara tinha que ligar o PC, ligar o modem, conectar na Internet. Hoje ele saca o aparelho do bolso e já está conectado". Para Bob Wollheim, a disrupção mobile teve início com o primeiro Nokia com câmera. "Ali eu vi que mobile mudaria não apenas a fotografia, mas praticamente todos os negócios".

> **"Antigamente, o cara tinha que ligar o PC, ligar o modem, conectar na Internet. Hoje ele saca o aparelho do bolso e já está conectado".**
> *Rodrigo Borges*

Assim, não há dúvidas de que a mobilidade impactou os pilares da liderança, requerendo que os novos líderes busquem e mantenham-se atualizados sobre o conhecimento necessário para identificar objetivos e estabelecer estratégias, sobre o poder de decisão, as relações profissionais e com o consumidor e a versatilidade para remover obstáculos à transformação em movimento. Podemos afirmar, sem dúvidas, que a globalização, as redes sociais e *mobile* mudaram o estilo de comunicação da liderança, arrancando as pessoas de um modelo hierárquico e de salas fechadas para incorporar conversas diretas, horizontais e interdependência na tomada de decisões. *Mobile* facilitou a colaboração.

Hoje, *mobile* conecta e empondera consumidores em qualquer lugar. E à medida que mais *Millenials* se juntam à força de trabalho, as transformações nos modelos organizacionais se tornam ainda mais profundas. As novas tecnologias têm impactado diretamente a criação de novos postos de trabalho, a inovação de negócios, a transformação da força de trabalho e contribuído para o crescimento do PIB e de novos serviços e indústrias.

Há de se destacar também o empoderamento feminino nessa transformação com grandes impactos na maneira de liderar, mudando negócios através de uma sensibilidade mais aguçada. Tati Ponce, da Nivea, se deu conta de que *mobile* mudaria o jogo ao perceber que era uma tecnologia que aproximava as pessoas. "Mobile promove educação, melhoria de vida, informa e traz acessibilidade. A tecnologia está presente no nosso dia a dia e é impossível não se envolver... O mundo evolui para uma sociedade cada vez mais móvel e você começa a fazer parte até mesmo sem perceber. É óbvio que, por trabalhar na área, mergulhei para entender e me aprofundar sobre os impactos desta revolução na vida da sociedade, seus hábitos de consumo, suas novas lentes para o mundo e como isso impactaria nossa forma de comunicar, consumir, conviver". Ana Julia Ghirello, da Honeycomb, descobriu na prática o poder de mobile para os novos empreendedores: "A gente ganhou agilidade e capacidade de ser muito eficaz mesmo sendo pequeno, estando no comecinho. Você não precisa de uma equipe de atendimento de cara, sentada no escritório, por exemplo. Quando se começa um negócio e precisa otimizar custos, ter tudo no mobile adianta muito. Dá pra atender chamadas, e-mails, fazer atendimento ao cliente, entre reuniões e *on-the-go*. Whatsapp, Facebook e Slack facilitam muito a vida de quem empreende hoje". "Mobile facilita todos os âmbitos de comunicação, aproxima as pessoas e acelera diversos processos", completa Natasha Volpini, da Heineken.

Neste novo ambiente, onde o número de assinaturas móveis (6,8 bilhões) já se aproxima da população global, a competitividade das economias depende da capacidade de alavancar as novas tecnologias e de se adaptar às mudanças cada vez mais rápidas impostas pelos três *drivers* da nova economia. A próxima etapa desta revolução se dará através das experiências interconectadas com o mundo real e com o contexto, atendendo cada vez mais as necessidades individuais através do celular, tornando nossas vidas mais fáceis e mais transparentes. Leo Xavier, da Isobar, deixa uma dica crucial para os novos líderes: "A fortuna de qualquer negócio são as pessoas que se tem. Não seja um babaca. O mundo está cheio deles. Conheça todos do seu time pelo nome, olhe nos olhos, seja cordial, cuide das pessoas, seja honesto e leal com todos. Inspire o seu time para que ele transpire por você. É tudo sobre pessoas". E quanto à tecnologia, Marcelo Castelo, da MUV, deixa uma dica muito importante: "É uma indústria que demanda muita dedicação. Persistência é fundamental quando se lida com tecnologia. E também é preciso saber dizer não. Os ciclos mudam rápido, então escolha algumas coisas e vá fundo nelas. Se você for superficial, não encantará ninguém. Escolha três ou quatro coisas e seja o melhor que puder nelas".

10 Mobile Best Practices

Para que sua marca encare o novo mundo da mobilidade com excelência, encerro este capítulo com 10 boas práticas para o melhor *approach* diante dessa tecnologia:

1. Entregue algo de valor para seu consumidor antes de qualquer coisa. Para isso, é necessário compreender seu comportamento.
2. O valor aumenta quando você entrega de forma relevante e dentro do contexto. A segmentação e a personalização são as palavras-chave neste quesito.
3. Planeje antes e identifique as melhores oportunidades para converter seu cliente de acordo com o objetivo de cada campanha.
4. Defina antes o que será medido, monitorado, analisado e o retorno sobre o investimento.
5. Cuide para que o consumidor tenha uma experiência espetacular nos pontos de contato com sua marca, independentemente do *device* onde esteja.
6. Foque na solução de um problema de cada vez.

7. Esteja atento ao *timing* do consumidor. Respeitar o tempo dele é entregar valor sem ser breve ou extenso demais.

8. Teste tudo antes de colocar suas ações, campanhas e conteúdos no ar. Faça testes A/B para entregar a mensagem mais eficaz.

9. Incentive a interação, a participação e o compartilhamento. Mobile e Social andam de mãos dadas.

10. Aproveite-se das tecnologias que permitem ajustes de rota e correções de erros em tempo real.

11. Como você pode perceber, o impacto das tecnologias na liderança faz com que líderes de empresas de todos os tamanhos, sejam eles *owners* ou executivos, precisem encarar os desafios com mais velocidade e assertividade. E quais são os maiores desafios na era da mobilidade? As respostas estão no próximo capítulo.

Key Takeways

1. Mobile é sobre dar superpoderes para as pessoas. As marcas que compreenderem isso serão as donas do jogo na relação com seus consumidores.

2. O novo líder também requer uma carta de navegação, mas precisará estar muito mais preparado para desvios de rota, para lidar com ventos de todas as direções e ainda superar navegantes mais rápidos e eficientes para não afundar nos redemoinhos do mercado.

3. Entender esta dinâmica cada vez mais rápida e desenvolver uma compreensão robusta do potencial das tecnologias emergentes são habilidades cada vez mais primordiais.

4. O novo líder precisa se sentir confortável em meio ao caos e, para superar o desconforto diante dele, é preciso compreender e se adaptar aos três drivers da mudança das economias e dos mercados dos últimos tempos: globalização, redes sociais e mobilidade.

5. O trabalho de liderar equipes em um mundo globalizado e conectado requer pessoas que têm

como hábito a construção de parcerias, seja de um para um, seja de um para muitos.

6. O líder colaborativo aproveita os desafios da comunicação em um ambiente de negócios globais competitivos e acelerados.

7. Mobile potencializou esta interação social.

8. A globalização, as redes sociais e mobile mudaram o estilo de comunicação da liderança, arrancando as pessoas de um modelo hierárquico e de salas fechadas para incorporar conversas diretas, horizontais e interdependência na tomada de decisões. Mobile facilitou a colaboração.

9. Mobile facilita todos os âmbitos de comunicação, aproxima as pessoas e acelera diversos processos.

10. Mobile é uma indústria que demanda muita dedicação. Persistência é fundamental quando se lida com tecnologia.

Interação

Como você encoraja as iniciativas mobile em sua empresa?

Envie sua resposta com a *hashtag #lideranç**a*** para o Whatsapp (11) 99427-1155

Os Desafios
da Mobilidade

Um dos maiores desafios da mobilidade está em uma compreensão mais profunda da jornada do consumidor. Com as mídias "estáticas", era mais fácil monitorar conversão e ROI, porém nem sempre com indicadores de eficiência. Em determinada época do varejo online, os grandes varejistas investiam um para ter três de retorno, através dos já anciões banners de Internet. O resultado era alcançado através da alta exposição, o que, com o tempo, foi reduzindo cada vez mais as taxas de cliques, de abertura e conversão. Ainda hoje, mesmo com o crescimento do investimento em publicidade mobile, muitas empresas ainda utilizam anúncios não adequados para o meio. Hugo Rodrigues, da W/McCann, levanta uma bola importante sobre os efeitos de mobile: "Se tudo for se transformar nesta economia mais modesta, porque hoje o Uber é mais barato que o Taxi, o Airbnb é mais barato que hotel, o Waze não cobra nada para te dar o melhor caminho, que isso seja encarado pelo ser humano como uma dádiva, na qual todos possam viver melhor com menos. Só é preciso tomar cuidado para que isso não gere mais opressão. O que mais tende a acontecer com a tecnologia é a democratização."

Como Manager da Mobile Marketing Association para a América Latina e em constante contato com as diferentes percepções e perspectivas dos associados, identifiquei que as empresas envolvidas com a mobilidade, sejam elas marcas, startups ou agência, têm enfrentado três grandes desafios: os modelos de atribuição, o retorno sobre o investimento e a educação das pessoas envolvidas no processo como um todo. Comecemos pelos modelos de atribuição.

Modelos de Atribuição

À medida que o caminho para a compra se torna cada vez mais fragmentado, é cada vez mais difícil compreender completamente como os consumidores interagem com a marca. Do primeiro ao último clique em um universo *multitouch*, multiplataforma e multicanal, medir a atribuição de todos esses pontos de toque é extremamente complicado. Embora o uso de dispositivos móveis tenha explodido, o investimento em anúncios para esses está atrasado. Os profissionais de marketing sabem que os consumidores estão com seus dispositivos 24 horas por dia, sete dias por semana e que esse uso continuará a crescer, mas ainda há muita incerteza em torno da atribuição e como medir com precisão campanhas *mobile*.

Um ponto importante é que o modelo de atribuição seja planejado e aprimorado de acordo com os objetivos de cada campanha. A verdade é que, em seu sentido mais amplo, a Jornada do Consumidor ainda é a mesma percebida por Elias Elmo Lewis, ainda no Século XVIII. Trata-se do velho funil do marketing, que começa com chamar a Atenção, gerar Interesse e despertar o Desejo, em um caminho que resulta na Ação de compra. Mesmo que o modelo AIDA contenha falhas e não seja muito adequado em um cenário de marketing complexo e fragmentado, seu conceito continua sendo fundamental para visualizar a espinha dorsal do marketing, da propaganda e do comportamento do consumidor como um todo. É necessário que o consumidor saiba quem você é e o que vende, que conheça os benefícios e características de seu produto ou serviço, que tenha o desejo de se relacionar com o que você vende em que nível for e que tome a decisão de fazer isso. Para Guilherme Jahara, da F.Biz, é preciso entender como as pessoas consomem. O problema é como fazer isso em um cenário onde o rastreamento está cada vez mais complexo, o que dificulta a atribuição dos influenciadores ao longo do caminho. Um cliente pode visualizar um anúncio em seu smartphone, entrar na loja, realizar a compra, mas o crédito não será dado ao influenciador, ao menos que existam mecanismos que amarrem todo o processo. E tudo isso fica ainda mais complicado com a falta de padrões.

> **"É preciso entender como as pessoas consomem".**
>
> *Guilherme Jahara*

No entanto, se seu objetivo é monitorar o impacto que *mobile* tem no conjunto de seu mix de marketing, há algumas práticas que podem ajudar bastante. A primeira delas é trabalhar com parceiros que adotem modelos de atribuição *cross-devices*. Antigamente, a atribuição era focada no último clique. Agora, existe uma necessidade inerente de ir além dele e incorporar todos os dispositivos e pontos de toque ao longo de toda a jornada do consumidor. Embora ainda haja deficiências de escala e de correspondência ao longo da jornada, e mesmo que partes dos dados ainda sejam baseadas em probabilidades, o anunciante que adota modelos de atribuição *cross-device* consegue obter informações mais precisas sobre seus clientes e padrões de compras.

A segunda prática consiste em monitorar a eficiência da mensagem. Analisar a eficácia da mensagem ajudará você a medir o engajamento e, por consequência, a eficácia de uma campanha. Um dos termos mais empregados quando o assunto é modelos de atribuições *mobile* é a micro-conversão. Dentro da jornada, a compra é o último passo. Mas as etapas de Atenção, Interesse e Desejo, ou seja, de ver e pensar, estão repletas de pequenos pontos, nos quais, se você não der o valor devido, pode acabar perdendo a Ação do consumidor. Entre as micro-conversões que podem e devem ser monitoradas, estão o cadastro em newsletters, buscas no website ou as páginas vistas, comentários deixados em posts e artigos, os passos em direção à compra, como inserir produtos no carrinho, *wishlist* e outros produtos vistos, visualizações de vídeos, compartilhamento de conteúdos nas redes sociais ou download de e-books, infográficos ou *reports*.

Para facilitar a atribuição, hoje também é possível utilizar ferramentas que contribuem para o monitoramento e análise dos dados. Pagamentos *mobile*, cupons ou códigos QR podem ser rastreados de forma mais eficiente, o que contribui muito se o objetivo da campanha for orientado para o ROI. Ao integrar essas táticas em sua plataforma de marketing móvel, você pode obter mais sucesso e otimizar seus gastos de marketing. A grande maioria dos visitantes não irá fazer uma compra, a macro-conversão. No entanto, todo tráfego é importante e as micro-conversões podem contribuir com o processo geral. Um varejista, por exemplo, através de uma análise, pode otimizar o *call-to-action* para o cadastro de uma newsletter, por exemplo, o que pode não ocasionar um aumento de vendas imediato, mas aumentar o número de usuários em sua lista pode resultar em mais vendas no longo prazo.

Por fim, a utilização de geolocalização para determinar os impactos do marketing mobile nas compras no mundo físico é também uma tática efetiva. Empresas como a InLoco, Logan e AdsMovil estão fazendo isso, agregando informações de diversos dispositivos móveis utilizados ao longo de uma campanha, dentro e fora do mundo virtual. O fato é que os modelos de atribuição *mobile* ganharão mais força à medida que pagamentos e outras formas de conversão também *mobile* se ampliarem. No momento em que os investimentos se direcionam para isso, as empresas que medem atribuições ao longo da jornada do consumidor também serão obrigadas a melhorar seus algoritmos de processamento e análise de dados para entregarem melhores resultados. Neste ponto, ainda não há uma abordagem única para alcançar a medida em escala, mas ao testar continuamente métodos e desenvolver novas tecnologias, nos aproximaremos de uma solução efetiva. Enquanto isto, o segredo está em medir o que é realmente significativo para o negócio.

ROI

Um drama ampliado com *mobile* reside na métrica mais importante para qualquer negócio, o ROI, o retorno sobre o investimento,. A verdade é que marcas de todos os tipos estão empregando cada vez mais esforços e investimentos para alcançar suas audiências através dos dispositivos móveis. Mas a questão é: esses investimentos estão realmente se pagando? Como você pôde perceber na conversa sobre modelos de atribuição, as novas facetas do consumidor multicanal, cross-device e onipresente, impõem que se relacionem dados dos clientes através de sua jornada online e off-line. E isso torna as medições mais complexas, mas não impossíveis. De acordo com o estudo da Econsultancy, 51% dos profissionais de marketing têm medido efetivamente o engajamento e o ROI de seus esforços de marketing. Mas, para ser bem-sucedido nesta empreitada, é necessário medir as coisas certas e, principalmente, mostrar que a conta dá retorno. Tati Ponce, da Nivea, reforça esse pensamento: "Ainda não temos grandes cases de ROI como temos no mundo off-line. Então, sempre fica a pergunta se o que se investe tem o retorno adequado. Por isso estamos sempre procurando fazer este balanço, de apostar em mobile e buscar avaliar os resultados disso. Mas uma coisa é clara para mim: é impossível ficar de fora!".

Apoiar-se em softwares ou parceiros que fornecem análises mais precisas em torno dos modelos de atribuição permite avaliar de forma mais efetiva o desempenho de uma campanha. Você pode saber, em tempo real, o que está funcionando e o que não está para direcionar melhor seus investimentos publicitários. Levantar e medir o impacto em diversos pontos de contato e micro-conversões ao longo da jornada do consumidor também ajuda a saber que fontes geram mais valor e em que etapa do funil de vendas. Assim, você terá uma medida do custo de aquisição do cliente de acordo com sua atribuição. Algumas adnetworks e provedores de atribuição têm ranqueado veículos que entregam o melhor ROI.

Outra ferramenta importante para a obtenção de melhores desempenhos são as pesquisas, maneiras de aprender como os usuários pensam e agem. Pesquisas podem ser feitas de forma direta, através de formulários, ou indireta, através da coleta de dados comportamentais e resultados de testes A/B. Estas últimas costumam ser mais eficazes, já que a taxa de resposta de formulários costuma ser muito baixa, além de serem menos práticas e levarem mais tempo de análise. Testes A/B, por exemplo, podem ser feitos em tempo real através de algoritmos. Após levantar esses dados, fica mais fácil otimizar e direcionar investimentos.

Porém, o ponto mais importante com relação ao ROI *mobile* está na experiência do usuário. Experiências móveis personalizadas, relevantes e dentro do contexto certo são muito mais rentáveis. Transformar a experiência em algo memorável é o que faz campanhas e marcas se destacarem. Assim, use *mobile* para encantar o consumidor na experiência com sua marca. "Em um mundo de constante mudança, nunca teremos todas as respostas. O melhor caminho é testar. Errar, acertar e reaplicar os aprendizados em modelo beta" é o conselho de Natasha Volpini, da Heineken. Empregue um esforço inicial para compreender seu público-alvo e observe atentamente o que eles fazem no celular e onde costumam colocar sua atenção. Isso tem um nome: conexão profunda. Certamente, o ROI está em atender com excelência os melhores clientes no lugar onde estão. Crie interações móveis únicas, resolva problemas do seu consumidor e entregue um valor claro para ele.

Hoje, em meio ao turbilhão de informações e conexões a que estamos submetidos, cada ação precisa ser envolvente e valiosa o suficiente para não ser abandonada. Quando uma marca domina a capacidade de conversar com seus clientes em um nível de personalização e interesse únicos, ela conquista um compromisso duradouro.

Educação Mobile

Uma das perguntas que fiz aos meus parceiros neste livro foi sobre os principais obstáculos que eles enfrentaram diante da transformação mobile. Um dos temas mais levantados foi *Understanding*. Talvez o ponto mais sensível para embarcar na onda das transformações aceleradas seja conseguir educar pessoas, equipes, clientes e marcas para os novos desafios. Victor Kong, Presidente da Cisneros Interactive, conta que, em 2002, quando ainda era diretor de e-commerce do Terra para o mercado hispano-americano, ele já sentia que ocorreria com o marketing mobile o mesmo que ocorrera com a Web. Porém, as dificuldades e barreiras impostas pelo desconhecimento da tecnologia eram imensas. "Mesmo com uma penetração de 50% de smartphones no mercado americano naquela época, quando visitávamos clientes para falar de *mobile*, eles diziam que não tinham orçamento para isso. Havia ainda os que diziam que a publicidade no smartphone nunca iria funcionar porque a tela era muito pequena. Nunca fui um visionário, mas eu estava convencido de que, apesar de todo o ceticismo, a publicidade digital iria migrar para mobile. Os primeiros dois anos foram bem difíceis, mas logo depois os orçamentos para mobile marketing começaram a crescer". Hoje, nove em cada dez americanos possuem um celular, de acordo com uma pesquisa do Pew Internet Research.

Outro exemplo dessa dificuldade de entendimento, já dentro da era dos smartphones, vem de Alberto Pardo, da Adsmovil: "As tecnologias de desktop são totalmente diferentes das tecnologias móveis. Mobile começou mesmo em 2007 e as tecnologias de desktop são do século passado. Isso criou um obstáculo muito grande. Clientes, agências e usuários tendem a pensar que o desktop e o celular são quase iguais, mas não são. Por exemplo, a maneira como o celular reconhece os usuários é baseada na tecnologia de identificação do dispositivo, enquanto o desktop depende de cookies". Eduardo Campanella, da Unilever, também passa pela falta de dados. "Isto gera um ceticismo muito grande. Mobile é o mercado que mais cresce, mas a maioria dos dados está relacionada ao desktop e ainda é muito focada nas mídias tradicionais".

Quando falamos de novas tecnologias, e mobile ainda é uma tecnologia muito recente, existe um *gap* entre prática e expectativa. Poucos visionários investem naquilo que desconhecem. Há ainda aqueles que investem apenas por modismo, "porque está todo mundo usando ou falando sobre aquela tecnologia". No entanto, a falta de um conhecimento mais profundo, que é natural em tudo o que é novo, acaba gerando mais esperanças ansiosas do que eficiência prática. Nesse sentido, a educação de líderes e equipes pode fazer a diferença entre uma mera sobrevida e o desempenho de alto nível de uma companhia na era de disrupção em que vivemos. A educação sobre novas tecnologias é o caminho para que as táticas empregadas gerem os melhores resultados, estejam alinhadas com as estratégias pensadas e acabem alcançando o que foi esperado. Uma empresa que se prepara para os novos ventos da mobilidade não pode se dar ao luxo de descobrir apenas como aumentar sua eficiência ou buscar clientes. É necessária uma Educação para a Inovação, o que transformará a visão dos envolvidos, misturando conhecimentos técnicos com espírito empreendedor renovado para alcançar a excelência no desempenho. Isso significa enfatizar a pró-atividade em relação às tecnologias emergentes e o tempo de resposta dentro de um ambiente cada vez mais competitivo. Como você faz isso?

O caminho mais indicado não poderia estar ligado aos meios tradicionais de educação. O jeito mais eficaz para aprender sobre tecnologia hoje é *on the go*. Estudos têm demonstrado os benefícios da "aprendizagem móvel". O nível do aprendizado, a motivação e o engajamento do aluno aumentam à proporção que o tempo de aprendizagem diminui. E tudo isso impacta a capacidade de adaptação dentro de uma empresa. Uma grande quantidade de cursos e treinamentos online está acessível no seu smartphone, o que torna qualquer aprendizado muito mais conveniente. Diversas plataformas e apps surgiram com esse intuito, como Coursera, Udemy, Linda e o iTunesU. O problema do tempo disponível também deu origem a iniciativas como o TED, que condensa conteúdos premium de grandes profissionais em suas áreas em 15 minutos de vídeo. Uma das funcionalidades de que mais gosto é o botão "Inspire-me", que apresenta vídeos com base em seu humor e no tempo que você tem disponível. Se o objetivo é aprender sobre mobile, eu recomendo os programas educacionais da Mobile Marketing Association. Os programas abordam temas como Internet of Things, Location, Mobile Games, Messaging, Mobile Programmatic, entre outros. Você pode saber mais em www.mmaglobal.com/programs.

Outros pontos levantados pelos executivos e empreendedores com quem conversei para este livro estão no *timing*, ou seja, na capacidade de acompanhar o ritmo das mudanças com eficiência, e na falta de padrões originada pela quantidade e diferença nos SDKs, os kits de desenvolvimento de software da indústria de aparelhos móveis. Assim, quero compartilhar com você:

Sete estratégias para superar os obstáculos à mobilidade em sua empresa

1. Planeje suas ações em detalhes e monitore cada *touch point* para obter uma visão mais aguçada do que funciona e do que gera resultados.

2. Fique de olho no custo de desenvolvimento de um app ou de implementação de uma campanha. Trabalhe com parceiros que conhecem a fundo os mecanismos e funcionalidades capazes de processar, analisar e garantir o melhor retorno sobre seus investimentos.

3. Invista em sua própria "Educação para a Inovação" e na de seus colaboradores. Utilize as ferramentas e apps que permitam o *learning on the go* que a era da mobilidade proporciona.

4. Esteja atento ao *timing* de cada tecnologia para não chegar antes nem depois de todo mundo. Manter-se atualizado e utilizar o poder das pesquisas é fundamental neste quesito.

5. A falta de padrões também pode ser superada com pesquisa. Entender onde seu público está ajuda a reduzir o calibre da bala e, consequentemente, o volume do investimento.

6. Preste muita atenção às questões de segurança. Não corra o risco de ser responsabilizado por violações de dados de seus consumidores e clientes.

7. Atente também para os custos de suporte e manutenção. A mobilidade requer atualizações constantes para acompanhar as constantes mudanças.

Mobile certamente apresenta muitos desafios. Porém, como em qualquer outro campo da comunicação humana, seja ele tecnológico ou não, a persuasão se baseia em uma estratégia muito simples, a qual você vai conhecer no próximo capítulo.

Key Takeways

1. Os profissionais de marketing sabem que os consumidores estão com seus dispositivos 24

horas por dia, sete dias por semana e que esse uso continuará a crescer, mas ainda há muita incerteza em torno da atribuição e como medir com precisão campanhas mobile.

2. É necessário que o consumidor saiba quem você é e o que vende, que conheça os benefícios e características de seu produto ou serviço, que tenha o desejo de se relacionar com o que você vende em que nível for e que tome a decisão de fazer isso.

3. O anunciante que adota modelos de atribuição cross-device consegue obter informações mais precisas sobre seus clientes e padrões de compras.

4. Analisar a eficácia da mensagem ajudará você a medir o engajamento e, por consequência, a eficácia de uma campanha.

5. Os modelos de atribuição mobile ganharão mais força à medida que pagamentos e outras formas de conversão também mobile se ampliarem.

6. O segredo está em medir o que é realmente significativo para o negócio.

7. Experiências móveis personalizadas, relevantes e dentro do contexto certo são muito mais rentáveis.

8. Quando uma marca domina a capacidade de conversar com seus clientes em um nível de personalização e interesse únicos, ela conquista um compromisso duradouro.

9. Quando falamos de novas tecnologias, e mobile ainda é uma tecnologia muito recente, existe um gap entre prática e expectativa.

10. É necessária uma Educação para a Inovação, o que transformará a visão dos envolvidos, misturando conhecimentos técnicos com espírito empreendedor renovado para alcançar a excelência no desempenho.

Interação

Qual é o maior desafio que sua empresa já enfrentou ou enfrenta hoje com relação à mobilidade?

Envie sua resposta com a *hashtag* **#desafios** para o Whatsapp (11) 99427-1155

Problem Solved!

Ao buscar entender o que torna um negócio disruptivo, descobri que todos os empreendedores que mudaram mercados tinham três características bem marcantes: eles não tiveram medo, saíram de suas zonas de conforto e resolveram um grande problema.

Seguir sem medo ou apesar dele é o que difere os empreendedores comuns dos que fazem a diferença. E os medos existem. Não importa quantas afirmações e pensamentos positivos você utilize para manter-se motivado, eles invariavelmente surgem para desafiá-lo a cada etapa do caminho. E podem ser tão simples, como o receio de não saber por onde começar, até mais complexos, como o de não recuperar ou alcançar as receitas suficientes para cobrir os investimentos e os custos do negócio.

Porém, os medos são como os pinos de um jogo de boliche. Quando são levantados, isso apenas lhe proporciona a chance de derrubá-los novamente. Como empreendedor, você descobrirá o que é necessário para ir em frente no jogo. Portanto, não tenha medo quando os pinos forem agrupados novamente, pois o poder de derrubá-los está sempre em suas mãos. O que poucos sabem é que o medo, embora sempre caracterizado como uma experiência negativa, também pode ser seu aliado. Se você o coloca como um adversário, ele pode frustrar seus progressos. Mas, se você é capaz de entendê-lo como um parceiro poderoso, então tem acesso a um dos ingredientes mais importantes do empreendedorismo, aquele que separa o fracasso ou a irrelevância do sucesso. Como você decide encarar o medo afetará o sucesso de seus negócios. Quer saber por quê? Porque ele mantém suas antenas ligadas, faz com que você não subestime a preparação estratégica e te deixa mais capacitado para atravessar períodos de crise.

Sim, sei que se trata de um grande paradoxo. O que faz a maior parte das pessoas se sentir mais segura é exatamente o que coloca o empreendedor em risco. Parar, desacelerar, sucumbir aos receios ou ser mais conservador pode acabar levando a ideias menos atraentes e a resultados menos expressivos nos negócios. Como bem diz Guga Stocco, "Só evolui quem erra. O erro não é um problema, e sim um *insight* para que você possa chegar mais perto do seu objetivo. Quem erra muito aprende muito e vai ter mais subsídios para ter sucesso. Vale lembrar também que você nunca vai chegar ao resultado final. O mundo está cada vez mais dinâmico e esta jornada não tem fim, é um eterno aprendizado baseado em erros e acertos". Portanto, se você pretende ser disruptivo em um mercado, abrace o medo.

> **"Só evolui quem erra".**
> *Guga Stocco*

A segunda característica é muito propagada pela mídia do sucesso como "pensar fora da caixa" e observar o que ninguém está observando. Quando você fica na caixa, significa que está na zona de conforto. Ela possui os mesmos riscos do medo, principalmente o da busca da segurança em demasia, o que leva ao estrangulamento dos resultados. A zona de conforto mata seu sucesso. Mas Guga deixa um alerta: "Quem tem empresa que valoriza quem pensa fora da caixa está na empresa errada, porque a empresa é uma caixa. É preciso quebrar a caixa, ser como um todo orgânico. A empresa não pode se dar ao luxo de ser uma caixa no mundo digital".

Ficar preso na rotina do dia a dia é muito fácil. Afinal, o homem é um ser de hábitos, que dificilmente muda o trajeto até o trabalho ou experimenta novos restaurantes. Qual foi a última vez em que você deixou sua zona de conforto e encarou um novo desafio, algo novo, fora do que costuma fazer? Tirar o mofo da rotina nos torna mais fortes e confiantes para alcançar níveis mais altos, não apenas no empreendedorismo. A inovação acontece justamente quando saímos da zona de conforto. De dentro você não consegue enxergar coisas novas, ver seu negócio por outros ângulos, nem juntar as peças de uma maneira diferente. Ficamos presos por conta dele novamente, o medo.

Para ficar confortável fora da rotina, você precisa sair dela regularmente. Mesmo que comece com passos mais tímidos, precisa analisar e refletir de onde surge o medo e focar nos objetivos das mudanças. As mentes realizadoras também são disciplinadas e direcionadas, colocam-se em missões desafiadoras, transformam erros em aprendizados rapidamente e pensam constantemente no que os outros pensam.

A Pergunta Essencial

E, com isso, chegamos à questão mais importante do empreendedorismo, a pergunta que todo empreendedor deve se fazer antes de investir seu tempo, dinheiro e esforço em um novo negócio: "que problema você está tentando solucionar?". E ela pode ser ainda mais completa: "o problema que você está tentando solucionar é o problema certo?".

Acontece que a maior parte dos empreendedores continua aplicando as mesmas soluções, algo que não é mais efetivo, porque o problema sempre evolui. Hoje, é necessário refletir se você continua fazendo negócios como de costume em um mundo que cada vez menos recompensa quem faz negócios como de costume. Assim, para respondê-la a contento, é preciso chegar até a raiz e descobrir o "problema fundamental". A velocidade da implementação da solução também precisa acompanhar a velocidade das mudanças. E, neste modelo, *mobile* tem se mostrado um caminho extraordinário. Você pode preparar e lançar um protótipo   sem   grandes   investimentos, especialmente se sua estratégia for *Mobile Only*.

A mobilidade impactou não apenas o como e o que fazer, mas o por que fazer. Ainda mais quando estamos falando de tecnologias que se tornaram praticamente parte do corpo humano. "A primeira coisa com que a pessoa tem contato antes mesmo de abrir os olhos é o celular, que funciona como despertador", diz Marcelo Lobianco, CEO da Sapient/AG2. Seu xará, Marcelo Castelo, da MUV, reforça o tamanho da transformação: "Minha mãe nunca entrou em um computador, mas vive no celular. Hoje, as pessoas passam mais tempo no celular do que diante da TV. Minha filha, por exemplo, não liga mais a TV. Ela já é de uma geração assíncrona". E Eco Moliterno, da Accenture, vai fundo ao afirmar que mobile transformou marcas em serviços. "Não basta mais elas terem apenas um bom *awareness*. Hoje, as marcas podem resolver problemas efetivos dos consumidores e, assim, ganhar uma relevância na vida deles que antes seria impossível".

A solução dos problemas fundamentais requer um porquê elevado. Por que o consumidor vai realmente se importar com a solução que você propõe? De alguns anos para cá, temos visto um embate entre as estratégias do *Mobile First* e *Mobile Only*. Ainda vemos empresas que penam para abandonar o *Web First*, desde que Steve Jobs colocou o iPhone no mundo e hackeou nossas mentes. E as telas se proliferaram. As mudanças nos tamanhos das telas têm sido o grande desafio dos negócios, independentemente de suas estratégias com a mobilidade. Há pouco tempo, tudo girava em torno de telas horizontais estáticas nas salas, nos escritórios. Os smartphones e tablets as colocaram em movimento. Depois surgiram os *phablets*, os devices com telas intermediárias que causaram estagnação nas vendas dos próprios tablets. Canais de TV se depararam com as questões da "segunda tela". E os novos dispositivos de pulso e minitelas das "coisas conectadas" aumentaram a dificuldade dos desenvolvedores.

Com tantas opções, é muito complicado satisfazer todos os usuários. Muitos *players* têm priorizado o smartphone para não extrapolar seus recursos e investimentos. Porém, as expectativas em torno da experiência do usuário, algo que aprofundaremos no próximo capítulo, estão cada vez mais elevadas e adequar-se pode ser uma questão de sobrevivência.

Consumer First

O fato é que não se trata de Web ou *Mobile First*, nem de *Mobile Only*. Também não se trata apenas de tecnologia. Sua estratégia precisa estar ligada à questão essencial de se resolver um problema. A única estratégia possível neste novo mundo veloz e impermanente é ser *Customer First*. Ao pensar antes de tudo em seu consumidor, você identificará suas preferências e poderá entregar produtos e serviços mais adequados, customizados. Assim, se você pretende ter sucesso neste mundo em ultra movimento, precisa focar suas estratégias no consumidor.

A maioria das marcas tem estratégias de canais bem definidas e sabem onde concentrar seus esforços e investimentos. Elas conhecem e monitoram o comportamento desses canais em diferentes dispositivos, através de KPIs pré-determinados. Assim, a estratégia do canal tende a ser claramente definida, mas não é o suficiente. É necessário pensar na estratégia da experiência, analisar como sua marca, produto ou serviço "aparece" diante do consumidor, olhar para o consumidor em movimento, ser relevante e dentro do contexto. Que pessoas, processos, sistemas, tecnologias e informações precisam estar azeitadas para que a estratégia do consumidor em primeiro lugar funcione? E, principalmente, com que velocidade ela precisa ser atualizada?

Você também pode se perguntar que estratégias tem utilizado para compreender seus consumidores, com que frequência faz pesquisas para ouvi-los sobre suas experiências com sua marca e se estabelece ações praticamente diárias para aprimorar suas experiências. Natasha Volpini ressalta também a necessidade de simplificar: "Você precisa conseguir ser algo essencial na competição louca de mil apps para tudo quanto é coisa. Poucos fazem isso, pois acho que precisa existir um valor muito real, que facilite algo ou resolva um problema tangível. Os aplicativos de taxi, carros e ônibus representam isso pra mim, uma melhoria grande no meu dia a dia em termos de mobilidade. O Waze e o Google Maps também. O Airbnb me deixa gerenciar meu apartamento de SP, que alugo por temporada, de maneira super simples e de onde quer que eu esteja. E o Whatsapp facilita a comunicação com quem quer que seja". Guilherme Jahara, da F.Biz, eleva isso à ideia dos hackers, não aqueles que destroem, mas que reconstroem. "É preciso hackear, no conceito de quebrar paradigmas. O Uber hackeou o modelo de táxis. O Airbnb hackeou o modelo de hotéis. São ideias que hackeiam as próprias plataformas, sem precisar quebrar literalmente nada. Ser disruptivo é encarar um problema e criar algo que vai muito além do que talvez se espere, olhar a coisa por outro lado, por um ângulo que ninguém observou".

A verdade é que consumidor e tecnologia já levantam a mesma questão do ovo e a galinha. O que vem primeiro não é tão importante quanto o fato de que um não existe sem o outro para as marcas hoje em dia. E a percepção do momento em que a tecnologia disrompe o mercado abre as portas para excelentes oportunidades. Nos encontros e entrevistas que fiz com os executivos e empreendedores mobile mais influentes da America Latina, perguntei quando se deram conta de que *mobile* mudaria o jogo nos negócios. Para a maioria deles, foi com o surgimento dos sistemas operacionais móveis, como o iOS e o Android, que criaram todo um ecossistema de novos negócios. Para outros, foi ao perceberem que o consumo de conteúdo, vídeos e apps estava aumentando. Guga Stocco, por exemplo, conta que a grande virada veio quando estava no Buscapé e os Smartphones cresciam a taxas exponenciais. Naquele momento, ele conheceu o caso de uma empresa japonesa chamada Mixi, no Summit do Morgan Stanley. Em 2006, a Mixi tinha 83% dos acessos via web e 17% via mobile. Em 2010, esse número se inverteu: 84% dos acessos passaram a ser mobile, contra 16% web. "Esse estudo fez com que acendesse uma luz na minha cabeça e foi a primeira vez que passei a pensar em Mobile First e a entender a revolução que estava chegando. Com isso, passamos a comprar mídia mobile, criar aplicativos, implementar *push notification*, reaprender as métricas e por aí em diante", afirma Guga. "No caso da Mixi, o Japão já se encontrava mais avançado em mobile e estava passando por essa mudança. Foi como ver o futuro acontecendo na nossa frente e poder replicar isso aqui no Brasil. Quanto mais projetos a gente fazia, mais oportunidades apareciam. Foi quando percebemos que *mobile* ia mudar completamente a vida das pessoas."

Do lado das agências, Guilherme Gomide, da Mirum, conta que *mobile* demorou para desbancar a Web: "Lá atrás, perto dos anos 2000, com a já falida tecnologia WAP, eu e meus sócios estávamos super empolgados com a possível revolução *mobile* que viria pela frente. Já em 2003, 2004, a gente falava: ano que vem acho que é o ano do mobile... isso chegou a virar piada por alguns anos. Essa revolução demorou bem mais pra chegar, mas, felizmente, quando chegou, atropelou todo mundo, sendo melhor e mais rápida do que todos esperavam".

A Experiência das Marcas

Um dos cases mais icônicos da resolução de problemas utilizando mobile é o Banco Original, a primeira instituição financeira do Brasil com serviços 100% digitais. Criado para simplificar a gestão financeira para seus clientes, o Original foi o primeiro a permitir abertura de contas correntes totalmente pelo celular. Aliás, os clientes podem fazer tudo pelo celular, até sacar dinheiro utilizando os caixas eletrônicos da rede Banco24Horas e conversar com especialistas em finanças. O Original atingiu a marca de 100 mil clientes um ano antes do que estava previsto em seu plano de negócios. Guga Stocco, que ajudou a construir esse novo modelo, conta mais sobre isso: "O Original tem um posicionamento de *Mobile First*. O aplicativo é atualizado constantemente e novas funcionalidades e produtos são colocados no ar todos os meses. O banco é um produto mobile. Não faz mais sentido você ter que ir para uma agência, ou acessar de um computador em casa ou no escritório, quando tem tudo na sua mão a qualquer momento".

"Mobile será o controle remoto da vida financeira das pessoas. E o dinheiro vai morrer. Ele pode ser roubado, não é interessante para uma economia. Com o dedo, hoje, você faz uma transferência de dinheiro. Com a adoção do smartphone como primeira tela, dentro de cinco anos, vários países do mundo não terão mais dinheiro. As pessoas terão crédito e dinheiro digital. Outra tendência clara é a economia compartilhada, exemplificada por empresas como Uber e Airbnb. Estamos chegando a um momento em que as pessoas não vão mais precisar comprar coisas; em um futuro próximo, a experiência vai prevalecer sobre o patrimônio. Pense nas diferenças entre os *Millenials* e os *Baby-Boomers*. Você acha que um *Millenials* vai preferir comprar um imóvel ou viajar o mundo inteiro via Airbnb?", questiona Guga.

A AdsMovil, de Alberto Pardo, desenvolveu uma ação genial para o sorvete Magnum, da Unilever. O objetivo era levar o consumidor mobile para um PDV e gerar buzz nas mídias sociais. A ação foi veiculada no Equador. Utilizando a geolocalização, os usuários foram segmentados e receberam um anúncio no formato de um banner interativo, no qual eles podiam customizar o sorvete que desejassem e escolher uma loja próxima para saboreá-lo. A ação gerou um aumento nas vendas de 15% e a marca duplicou o recorde mundial de picolés vendidos em uma única loja no mesmo dia.

Em ambos os casos, a solução resolveu um problema. No caso do Original, a necessidade de facilitar as operações bancárias. Para o sorvete Magnum, a possibilidade de personalização de um produto de logística complexa. "O caminho é conseguir uma integração maior com nossas vidas de uma maneira que a tecnologia passe imperceptível, como vestir uma camisa", afirma Guilherme Jahara, da F.Biz.

Para encerrar este capítulo, é preciso ressaltar algo importante. Esteja atento para que a obsessão não suplante as conexões reais e para que seja possível enxergar verdadeiramente o indivíduo na outra ponta. Ana Julia Ghirello, da Honeycomb, dá um conselho crucial neste sentido: "Tenha presença. A tecnologia e as soluções mobile podem tirar muito da nossa presença no presente - são mil notificações e *triggers* de ansiedade. Esse tem sido o meu maior aprendizado. E é só quando se tem presença que você enxerga além, em termos de oportunidades e pessoas. E quando você enxerga as pessoas de verdade, se conecta com o que elas buscam e traz esse link pra sua empresa, o impacto no seu negócio é enorme em termos de engajamento e resultados".

Engajamento e resultados também estão diretamente relacionados ao consumidor e sua experiência com seus produtos e serviços. Em uma era de alta conectividade, esse desafio se amplia. Eis o tema do próximo capítulo.

Key Takeways

1. Empreendedores que mudaram mercados tinham três características bem marcantes: eles não tiveram medo, saíram de suas zonas de conforto e resolveram um grande problema.
2. Como você decide encarar o medo afetará o sucesso de seus negócios. O medo mantém suas antenas ligadas, faz com que você não subestime

a preparação estratégica e te deixa mais capacitado para atravessar períodos de crise.

3. O que faz a maior parte das pessoas se sentir mais segura é exatamente o que coloca o empreendedor em risco.

4. Só evolui quem erra. O erro não é um problema, e sim um insight para que você possa chegar mais perto do seu objetivo.

5. Se você pretende ser disruptivo em um mercado, abrace o medo.

6. A zona de conforto mata seu sucesso. De dentro você não consegue enxergar coisas novas, ver seu negócio por outros ângulos, nem juntar as peças de uma maneira diferente.

7. A pergunta que todo empreendedor deve se fazer antes de investir seu tempo, dinheiro e esforço em um novo negócio é "que problema você está tentando solucionar?" E a solução dos problemas fundamentais requer um porquê elevado. Por que o consumidor vai realmente se importar com a solução que você propõe?

8. A velocidade da implementação da solução também precisa acompanhar a velocidade das mudanças.

9. Hoje as marcas podem resolver problemas efetivos dos consumidores e, assim, ganhar uma relevância na vida deles que antes seria impossível.

10. A única estratégia possível neste novo mundo veloz e impermanente é ser *Customer First*. Mas esteja atento para que a obsessão não suplante as conexões reais e para que seja possível enxergar verdadeiramente o indivíduo na outra ponta.

Interação

O que você está fazendo para garantir que sua empresa aproveite as oportunidades que o mundo móvel apresenta?

Envie sua resposta com a *hashtag #soluções* para o Whatsapp (11) 99427-1155

A Experiência do Consumidor Conectado

Como você já pôde perceber, o consumidor está no comando. E isso muda tudo para marcas, produtos e serviços. Depois da globalização, na qual ele passou a ter acesso às informações ao redor do mundo e obteve um maior poder de comparação, e depois do crescimento das redes sociais, quando assumiu o poder de indicação e escolhas, mobile chegou para ampliar a revolução. E esse é um caminho que, além de não ter volta, possui um ritmo frenético. É o que foi denominado *Constant Mobile Revolution*.

Bob Wollheim diz que os *devices* deixaram de atender pelo apelido de *phone*. Não se trata mais de *smartphones*, mas de *smartcomputers*. Com um computador poderoso em mãos, capaz de se conectar com o mundo e com sua rede de qualquer lugar, o consumidor passou a decidir o que acessar, o que assistir, o que comprar, ultrapassando a barreira da imposição de conteúdo, do horário e do lugar. Isso tornou muito mais difícil a estratégia das marcas.

> **"É *Mobile Computer*, e não *Mobile Phone*.
> Não é um *smartphone*,
> mas um *smartcomputer*".**
> *Bob Wollheim*

Na verdade, mudou a maneira de se fazer *branding*, de produzir, comercializar e promover produtos e serviços. A natureza ubíqua de mobile, que une as vidas profissional e pessoal, provê uma infinidade de oportunidades para as marcas e marqueteiros para alcançar suas bases de consumidores-alvo. A tecnologia de ponta embarcada no alcance das mãos e as conexões mais rápidas e disponíveis podem entregar melhores *insights* sobre o comportamento e a decisão de compras. Embora os smartphones tenham existido como meios publicitários por quase uma década, as revoluções ocorridas neste curto espaço de tempo mostram uma rápida evolução na maneira das marcas se comunicarem e se estabelecerem diante de seus públicos. O que é mais curioso é que o crescimento exponencial da adoção dos dispositivos móveis não foi acompanhado pelo anunciante. A publicidade não acompanhou o aumento no consumo de mídia móvel e ainda se prende a meios onde o consumidor gasta muito menos tempo, como os jornais e revistas, por exemplo. E o consumidor conectado de hoje não se engaja mais com marketing genérico. Cada vez mais, se espera uma experiência personalizada e customizada. Guga Stocco reforça esse ponto com o posicionamento do

Banco Original: "Apesar do mobile já estar consolidado como mercado, no mundo bancário ele era visto apenas como um canal. Nós decidimos que mobile ia ser muito mais do que isso, o principal ponto de contato do banco com seu cliente. O maior desafio foi fazer com que uma pessoa pudesse abrir sua conta bancária diretamente do celular, sem precisar de nenhum intermediário. Nunca alguém tinha feito isso no Brasil".

A Fragmentação de Devices e Telas

Essa diferença se deve muito à fragmentação dos dispositivos e telas, à ausência de padrões tanto para desenvolvimento quanto para métricas e à dificuldade de monitorar e analisar o comportamento do usuário nos *browsers* e apps mobile. Ao parar para pensar na mídia tradicional, percebe-se que não há muita complexidade em termos de identificar o que o consumidor faz em cada canal. Eles assistem à TV, leem jornais e revistas e ouvem rádio. Assim, anunciar nesses meios é uma tarefa relativamente simples. Você usa imagens para se comunicar nos meios impressos, áudios para falar com os ouvintes e a união de ambos para a televisão. Não é assim que funciona com o consumidor conectado, com poder de decisão e em movimento. Com a Internet das Coisas ganhando volume, a tendência é que as dificuldades se aprofundem, porém isso também abre um leque de oportunidades lucrativas para as marcas que desejam acompanhar de perto o consumidor em desenvolvimento tecnológico. Com o aumento do conteúdo digital e as formas dos consumidores conectados o absorverem, os anunciantes precisam estar em constante aprendizado e evoluir na maneira como embalam e distribuem seus materiais para torná-los mais atrativos e relevantes para o meio. Reconheço que isso não é uma tarefa simples.

Guilherme Gomide, da Mirum, pensa da mesma forma: "Cada meio requer uma linguagem, tem uma característica diferente. O consumidor hoje é mais impaciente, tem sua atenção mais fragmentada, usa o telefone em micro momentos de tédio, de espera, de lazer. Isso torna mais difícil a conversa. Assertividade, tanto na segmentação como na mensagem, é obrigação de qualquer um que quer se diferenciar e ter bons resultados". Para Gustavo Caetano, o case de maior eficiência diante dessa fragmentação é a Netflix: "Não existe *player* mais eficiente em multitelas do que eles".

Devemos partir do princípio de que, hoje, as pessoas praticamente não tiram os olhos do celular, independentemente da atividade em que estão envolvidas. Desde assistir à televisão, passando por interagir com amigos e parentes, até ir às compras ou sair para jantar. Com o caso de amor entre os consumidores e seus dispositivos móveis, as marcas precisam se concentrar em explorar essa relação. É necessário estar atento e buscar os pontos de contato dentro do contexto, para se envolver com eles enquanto utilizam seus aparelhos. Dessa maneira, é possível ampliar a relevância e a familiaridade da marca, inspirando uma conversa de mão dupla entre empresas e consumidores. No entanto, há mais uma complicação. Um estudo do Ipsos, em parceria com o Google, descobriu que 90% dos consumidores se movem, ao longo do dia, entre várias telas, em uma sequência para completar a mesma tarefa. O sujeito pode começar o dia assistindo a um programa na TV e completar na hora do almoço através de um app em seu smartphone. À noite, pode comentar com os amigos usando o browser no laptop e buscar mais informações sobre o assunto em seu tablet. O *multiscreen* sequencial envolve navegar na Web, redes sociais, compras online e busca de informações. É o que chamamos de descentralização, a disruptura do consumo de conteúdo. Além do impacto na maneira de consumir, há também o desafio da mensuração em um mundo conectado.

A solução para essa descentralização está em identificar onde está o mix de consumidores, personalizar a experiência de acordo com os meios e as telas mais utilizadas por esse mix e responder com precisão à questão essencial: que problema do consumidor sua ação resolve. Ter uma razão muito clara é muito mais importante do que o que e como fazer. Tentar compreender a fundo o consumidor por trás da tela, identificando suas reais necessidades e não seus perfis, conhecer sua jornada de decisão e anunciar para ele e não para seus aparelhos, tornará seu anúncio muito mais relevante e bem-sucedido. O mesmo serve para as métricas: analise seu consumidor, e não seus dispositivos. Boas soluções mobile criam uma experiência mais íntima e focada com a marca. Isso requer utilizar montanhas de informações provenientes de dados, nas nuvens ou fora delas, e *analytics* capazes de tornar cada conexão mais relevante. Para Marcelo Lobianco, da Sapient/AG2, "Marcas precisam de *Data Minning Tools* para construir perfis cada vez mais personalizados".

O Impacto nos Negócios

Uma das mais importantes conquistas da mobilidade foi a democratização da comunicação, iniciada com social. A comunicação mobile pode ser relevante para todo tipo de negócio, de grandes companhias até pizzarias e oficinas mecânicas. Notificações *push*, programas de fidelidade e cupons fazem parte de um leque de estratégias para conquistar e manter clientes. As inovações tecnológicas estão expandindo não apenas o que pode ser feito através de mobile, mas ampliando seu acesso a um número cada vez maior de consumidores. E essa facilidade tem permitido que todos os tipos de empresas mergulhem na revolução móvel. Em um mundo onde o engajamento personalizado dita as regras, mobile permite, às empresas, satisfazer os desejos do consumidor na hora e no local em que ele estiver. A mobilização está alterando como as pessoas compram, interagem e gerenciam empresas.

A interconectividade global que presenciamos nunca foi experimentada antes em termos de negócios. O resultado está no aumento de empresas globais que há menos de dez anos eram apenas startups. Pequenas empresas que antes penavam por chances agora podem crescer tremendamente. O impacto positivo que mobile teve nas performances empresariais pode ser observado em diversas frentes, na comunicação, na produtividade, no marketing, no aprimoramento dos serviços ao consumidor e nos modelos de negócios. Se você ainda tem dúvidas, uma recente pesquisa da Adobe identificou que 71% dos profissionais de marketing acreditam que mobile é fundamental para seus negócios. Porém, Edu L'Hotellier, do GetNinjas, deixa um alerta: "Nem tudo que é padrão de mercado já funciona para as pessoas sem acesso à tecnologia. O que funciona para um público jovem e ávido por tecnologia não funciona para um pedreiro com um celular mais básico. É preciso pensar em usabilidade e facilidade para quem tem o primeiro contato com tecnologia". E Guilherme Jahara, da F.Biz, encerra a questão com um conselho matador: "É preciso criar serviços que resolvam o problema das pessoas em um clique".

Também é importante mencionar Mobile Remarketing e Mobile Retargeting como tendências no contexto de aprimorar a experiência do consumidor neste novo cenário. Apenas 6% das pessoas usam um aplicativo 30 dias após a instalação. O volume de informações a que somos expostos hoje faz com que rapidamente nos esqueçamos de nossas trilhas virtuais. Isso é um grande desafio para os anunciantes e comerciantes que investem em apps para alcançar seus consumidores ou para os que anunciam através de campanhas sem retargeting. E o remarketing contribui para recuperar carrinhos de compras abandonados, fazer up-selling e cross-selling através de e-mails e esteiras de vendas. Tudo isso ajuda a ampliar o ciclo de vida do consumidor. As marcas vão precisar cada vez mais recontactar seus clientes através de publicidade mobile para persuadi-los a voltar, a lembrar. Assim, haverá um investimento maior para garantir que os clientes não se esqueçam delas.

> **"É preciso criar serviços que resolvam o problema das pessoas em um clique".**
> *Guilherme Jahara*

Agora você já sabe que o *Consumer First* é a principal estratégia na era de conectividade e mobilidade. Mas como lidar com a comunicação e a criatividade diante da multiplicação de meios, formatos e mensagens? Como as agências estão enfrentando esse desafio? Neste mundo de *Constantly Mobile Revolutions,* de disrupções cada vez mais rápidas, a comunicação também precisa acompanhar o ritmo das mudanças tecnológicas.

Na verdade, a disrupção apresenta enormes possibilidades e oportunidades para a comunicação. É o que veremos no capítulo a seguir.

Key Takeways

1. Vivemos a era do Constantly Mobile Revolution. A natureza ubíqua de mobile, que une as vidas profissional e pessoal, provê uma infinidade de oportunidades para as marcas e marqueteiros para alcançar suas bases de consumidores-alvo.

2. Com a Internet das Coisas ganhando volume, a tendência é que as dificuldades se aprofundem, porém isso também abre um leque de oportunidades lucrativas para as marcas que desejam acompanhar de perto o consumidor em desenvolvimento tecnológico.

3. Assertividade, tanto na segmentação como na mensagem, é obrigação de qualquer um que quer se diferenciar e ter bons resultados.

4. Com o caso de amor entre os consumidores e seus dispositivos móveis, as marcas precisam se concentrar em explorar essa relação.

5. A solução para esta descentralização está em identificar onde está o mix de consumidores, personalizar a experiência de acordo com os meios e as telas mais utilizadas por esse mix e responder com precisão à questão essencial: que problema do consumidor sua ação resolve.

6. Ter uma razão muito clara é muito mais importante do que o que e como fazer. Tentar compreender a fundo o consumidor por trás da tela, identificando suas reais necessidades e não seus perfis, conhecer sua jornada de decisão e anunciar para ele e não para seus aparelhos tornará seu anúncio muito mais relevante e bem-sucedido.

7. Em um mundo onde o engajamento personalizado dita as regras, mobile permite, às empresas, satisfazer os desejos do consumidor na hora e no local em que ele estiver.

8. É preciso pensar em usabilidade e facilidade para quem tem o primeiro contato com tecnologia.

9. Mobile Remarketing e Mobile Retargeting são tendências no contexto de aprimorar a experiência do consumidor neste novo cenário.

10. As marcas vão precisar cada vez mais recontactar seus clientes através de publicidade mobile para persuadi-los a voltar, a lembrar.

Interação

Como sua empresa se apresenta diante do seu consumidor?

Envie sua resposta com a *hashtag #consumidor* para o Whatsapp (11) 99427-1155

Comunicação Disruptiva

Desde os primórdios, o homem tem buscado e aprimorado formas de se comunicar com seus semelhantes. Essas habilidades foram ampliadas para superar as barreiras da distância e da velocidade. A invenção do telefone, no final do Século XVIII, impactou a maneira da comunicação entre as pessoas. Ficou muito mais fácil falar com quem estava longe e o telefone, um dispositivo estático e que requer quilômetros e quilômetros de cabos para funcionar, se multiplicou pelo planeta. Nas últimas décadas, a comunicação ganhou mais força e penetração com a Internet e se potencializou com o advento das redes sem fio. Hoje, além de falar com o outro lado do mundo, é possível transferir arquivos ou ler livros inteiros sem qualquer tipo de cabeamento e sem se levantar da cama.

Agora, podemos ser encontrados através de diversos meios simultâneos: e-mail, ligações, mensagens instantâneas, mensagens diretas nas redes sociais, tuítes, mensagens em áudio, em vídeo e até mesmo ligações telefônicas sem precisar utilizar os serviços das telcos. E avançando para o futuro, a disrupção continuará. Não apenas na maneira de nos comunicarmos com aqueles que conhecemos, mas também com pessoas que nunca vimos antes. A tendência de termos múltiplas vias de comunicação é mais disruptiva ainda quando somada ao fato de estarmos sempre conectados e com nossos smartphones por perto em todos os momentos.

Assim, a evolução tecnológica na comunicação trouxe novos desafios para as agências e anunciantes. Com tantos canais de contato e com o aumento exponencial das mensagens a que somos impactados diariamente, os meios tradicionais deixaram de ser tão eficientes. A forma como as marcas comercializarão para os indivíduos e como nós, indivíduos, teremos acesso à comunicação, passa por uma tempestade de ruptura. A tecnologia tornou-se tão onipresente em nossas vidas que muitas vezes nem podemos percebê-la. E como responder à disrupção digital dos meios de comunicação?

Para Victor Kong, da Cisneros Interactive, a perspectiva do mercado é estimulante para a publicidade online: "Em 2015, o investimento publicitário em mídia digital atingiu mais de 11.453 milhões de pesos no México, o que equivale a 22% do mercado mexicano, de acordo com as previsões de D'arriens, uma empresa de tecnologia voltada para fornecer soluções em mídia digital. E a tendência é que isso se multiplique cada vez mais. A estratégia da Cisneros Interactive é sempre inovar em todo o setor de publicidade digital.

Neste sentido, posso dizer que não estamos apenas focados no vídeo, mas também no áudio através dos conteúdos gerados no rádio pela Internet".

Como as empresas e marcas estão respondendo a esse desafio já é um passo crucial para o sucesso. Porém, muitas ainda encaram a presença digital apenas como uma das fontes onde clientes podem ganhar familiaridade com a marca. No entanto, é notória a crescente importância que consumidores atribuem às informações obtidas em pesquisas rápidas nos meios digitais para responder suas perguntas ou obter informações sobre o que quer que seja. O consumidor conectado pode esbarrar com um artigo que você escreveu anos atrás, com fotos de um evento que sua empresa promoveu, com um parágrafo em uma página em um nível mais profundo de seu website. Você acha mesmo que ele não se importará se não conseguir encontrar sua empresa no Facebook para curtir ou seu canal no Youtube para se inscrever? Com a maior conectividade, vivemos uma era em que a qualidade e a coerência da sua presença nos canais digitais mais populares são as fontes da grande maioria das primeiras impressões que os consumidores terão com sua marca. E, como diz o ditado, a primeira impressão é a que fica. Tati Ponce, da Nivea, resume isso muito bem: "A tecnologia tem o poder de afastar ou de juntar... depende do ponto de vista colocado. Portanto, seja uma marca, seja alguém que utiliza o mobile para agregar e construir, quando for pensar em uma estratégia para mobile, pense primeiro em como você gostaria de ser tratado". E Natasha Volpini, da Heineken, reforça: "As marcas precisam estabelecer o diálogo, e isso significa estar aberto às críticas e divergências de opinião. O consumidor está cada vez mais exigente e o desafio é inovar na maneira de se relacionar. Mobile é muito pessoal e alguns formatos de mídia ainda são muito invasivos. A pertinência de contexto e mensagem é crucial para diferenciar-se neste ambiente".

O fato é que as estratégias de comunicação não podem ser desenvolvidas por impulso, nem fazer parte de um plano centralizado. É necessário aplicar pequenos passos, aproveitando as oportunidades. As marcas precisam "estar onde o consumidor está", reutilizar e adequar conteúdo aos diferentes meios e usar a roda em vez de tentar reinventá-la. Não espere que o consumidor venha até seus canais, crie uma cadeia de conteúdos multiplataforma que se integrem e que se completem e saiba que a Internet está repleta de ferramentas, tecnologias e informações que podem ser utilizadas, muitas delas gratuitas ou com custos muito baixos, sem que você precise ficar recriando coisas que já existem.

Para isso, a comunicação requer um workflow previamente planejado, observar de fora o seu funcionamento para evitar a contaminação dos achismos, testar o nível de leitura e entendimento de cada conteúdo e peça de comunicação, bem como suas relevâncias e contextos, mapear e questionar a jornada do consumidor, determinar a frequência e a duração dos pontos de contato e mensurar. Independentemente de qualquer tecnologia criada ou que venha a ser criada, conhecer o comportamento do seu consumidor é essencial para se comunicar com ele de maneira correta, no tom certo, no formato adequado e com a mensagem ideal. Se você tem dúvidas com relação à relevância, pergunte-se: o consumidor vai realmente se importar com isto? Relevância também está intrinsecamente atrelada ao contexto: entregue a mensagem certa, no lugar certo, na hora certa.

Qual o impacto disso na criatividade? Os criativos com quem conversei para este livro concordam que o consumidor vem antes de tudo. Para Hugo Rodrigues, da W/McCann, a propaganda existe para solucionar o problema de uma marca, de um produto, de um serviço. "A primeira pergunta a ser feita é como o consumidor está se comportando, e não como as agências estão se preparando". Para Guilherme Jahara, CCO da F.Biz, a tecnologia deve ser encarada como um *enabler* da criatividade. Eco Moliterno, da Accenture Interactive, tem um conselho para os criativos na era da disrupção: "Na hora de criar, lembre-se de que *mobile* não é apenas um aparelho, mas sim um novo comportamento do consumidor, que agora pode consumir os conteúdos em movimento, de qualquer lugar, a qualquer hora. Do contrário, você pode cair no mesmo erro de muitos publicitários, que só sabem criar filmes para TV, pois ficaram presos a apenas uma das muitas possibilidades que esse formato oferece. Eu costumo dizer que a busca pela "Big

Idea" sempre existirá, mas o que mudou foi o conceito do que é ser "Big". Antigamente, bastava a ideia ser "alta" e chamar a atenção em um determinado meio, mas hoje ela precisa ser "espaçosa" e ocupar o maior número de meios possíveis. Para isso, é preciso que as campanhas nasçam integradas desde a origem, pois não existe mais espaço nem tempo para as antigas "adaptações". E a forma mais fácil de fazer isso acontecer é colocar criativos de formações diferentes para trabalharem juntos, desde a origem do conceito, para criarem o maior número de estímulos possíveis ao redor da ideia". Juan Carlos Goldy, da Logan Media, complementa: "É necessário entender que mobile é único e a forma de conectar é mais pessoal. A maior parte do que vemos são peças publicitárias que não são pensadas e criadas dessa forma, o que é uma grande falha".

Um dos maiores desafios dos anunciantes de hoje é identificar o consumidor através de seus devices, do desktop ao smartphone, do tablet à SmarTV. Diante disso, a mídia programática tem sido o melhor caminho para a eficiência das campanhas.

Mobile Programático

Talvez a área das agências que mais tenha sofrido com a disrupção na comunicação seja a mídia. Uma das tecnologias que transformou completamente este jogo é *mobile* programático. Ela rompeu barreiras das negociações e já é uma das formas mais inteligentes de otimizar os recursos de mídia. Trata-se de um modelo em que se compra e gerencia mídia utilizando inteligência artificial e plataformas digitais, coletando e analisando volumes de dados gigantescos sobre os usuários e sobre o inventário disponível. Isso permite aprimorar diferentes processos dentro da publicidade. A compra automatizada ultrapassa a barreira do contato direto e pode envolver milhões de publishers simultaneamente, o que resulta em uma alta capacidade de segmentação de audiências e o alcance de consumidores em nichos muito específicos.

A mudança também ocorre na mensuração. É possível analisar o que está gerando mais resultado em tempo real e realocar e concentrar investimentos em grupos específicos de usuários, veículos, dispositivos, sistemas operacionais, localidades e horários. O anunciante ganha mais facilidade de escalar, mais agilidade na tomada de decisão e na correção e ajustes de direcionamento durante as campanhas, o que aumenta a eficiência e transparência. Os gastos com publicidade programática já ultrapassaram os da não programática nos EUA, segundo o eMarketer. Dados do IPG indicam que ela vai se igualar à compra tradicional em termos globais em 2019.

A compra programática amplia a escala na compra e venda de mídia, otimiza investimentos e é mais transparente. No futuro, creio que todos os meios também estarão conectados através da tecnologia, como já acontece nos EUA, onde espaços publicitários da TV e do cinema já podem ser automatizados. Isso está sendo chamado de *"Programmatic Everything"*. Os desafios ainda são muitos, como a disponibilização de inventários qualificados e soluções de continuidade nas campanhas mobile, diferentes do velho marketing de interrupção a que fomos acostumados pela mídia tradicional. Como já foi dito, os processos de automação de mídia facilitam o alcance da audiência no momento certo e com a mensagem mais efetiva. No entanto, é necessário ser consistente. Manter a estratégia de mídia baseada apenas em dados demográficos já é coisa do passado, pois hoje existe um risco maior quando se impacta audiências que não têm interesse no seu produto o serviço. Alberto Pardo, da Adsmovil, perguntado sobre como a programática pode aproximar marcas e consumidores, respondeu: "Por causa das diversas camadas de dados, podemos identificar os usuários. Você pode ter muito mais relevância atingindo sua audiência do que antigamente, e isso faz toda a diferença". O marketing programático está mudando do desktop para mobile. Essa é uma tendência maciça que todos os anunciantes digitais devem levar em consideração ao elaborar uma estratégia de marketing mobile.

Mobile Vídeo

Além de Mobile, outro termo merece ser enquadrado como parte da Revolução: o Vídeo. "As pessoas estão consumindo vídeos cada vez mais no celular e o tráfego está caminhando para mobile", diz Gustavo Caetano, da Sambatech. O vídeo é hoje um dos mais vitais *touch points* de mídia. E a união de mobile e vídeo pode ser considerado o casamento perfeito para a comunicação com o consumidor conectado. Mobile é onde as pessoas assistem vídeos hoje. Mais de 50% dos vídeos são visualizados através de um dispositivo móvel e, segundo uma pesquisa da Cisco, em 2020, essa porcentagem chegará a 80%. O marketing programático de vídeo móvel representará 28% do gasto total até 2019, segundo uma pesquisa da Magna Global.

Porém, mesmo sendo um meio com maiores taxas de conversão do que apenas imagens ou textos, há uma variável importante para que estratégias com vídeo sejam mais eficazes: o conteúdo precisa engajar o consumidor. Contar histórias de valor para os clientes existentes e potenciais através de vídeos sofisticados e curtos é um desafio.

Há outra tendência que também está impactando a indústria. O cinema e a TV nos acostumaram com as telas horizontais. Como as pessoas estão assistindo vídeos casualmente e em movimento, elas raramente viram seus smartphones para se adequarem ao formato. Assim, o vídeo vertical faz com que tudo seja mais natural e mais bem aproveitado. Eco Moliterno, da Accenture Interactive, reforça essa tendência: "Mobile influenciou tanto a parte estética da comunicação, quanto a introdução da linguagem de vídeos verticais, por exemplo, como criou novas oportunidades de consumo. Agora, em vez de pararem para ver os anúncios, as pessoas veem os anúncios sem parar". O futuro do vídeo publicitário mobile também está em social, onde os grandes *players,* como Facebook e Twitter, já possuem formatos de pre-roll para vídeos carregados ou *streamings* ao vivo. Uma pesquisa do eMarketer informou que o investimento em anúncios de vídeo para celular chegará à marca dos USD6 bilhões em 2017. O vídeo mobile evoluirá ainda mais e os grandes players, como Google e Facebook, levarão a experiência dos usuários com esse meio a um novo nível. Espera-se que o *streaming* de vídeo ao vivo dê ainda mais poder de imersão com a experiência do vídeo em 360 graus.

Mobile vídeo é um dos formatos de anúncio que teve o crescimento mais rápido na fatia dos orçamentos publicitários até o momento, mas ainda há um gigantesco potencial a ser explorado. Em breve, novos avanços tecnológicos permitirão que a publicidade em vídeo móvel se torne mais atrativa, interativa e criativa. Com isso, a tendência é que as marcas concentrem-se na construção de experiências nativas e compartilháveis. Acontecerá o mesmo movimento que aconteceu quando o Google disrompeu a ditatura da comunicação com os links patrocinados, democratizando o acesso à publicidade. Mobile vídeo também colocará, nas mãos das pequenas e médias empresas, o poder de se comunicarem com mais eficiência com seus consumidores. Porém, a criatividade e as técnicas de persuasão terão que funcionar rapidamente para o cada vez mais frequente vídeo de segundo plano de seis segundos, formato lançado pelo Youtube que permite que o usuário interrompa o anúncio antes que este rode por inteiro. Creio que mobile vídeo também se adequará à estratégia do *Consumer First*, com seus formatos e durações atrelados aos objetivos da comunicação com o consumidor. Se seu objetivo é informar ou entreter, lançar um novo produto ou reforçar a imagem da sua marca, cada um deles vai requerer um formato e duração específicos.

A publicidade em vídeo mobile também requer que as marcas se preocupem com as métricas de desempenho e com as visualizações, interações e compartilhamentos. O vídeo já dominava a publicidade tradicional, porém, à medida que as redes sociais aderem ao formato e a tecnologia aprimora a entrega, agora ele é parte integrante e imprescindível da estratégia digital das marcas.

Essa fragmentação de formatos e meios é o maior obstáculo das marcas nestes tempos de comunicação disruptiva. Guilherme Gomide, da Mirum, reforça a questão da estratégia voltada para a personalização: "Cada meio requer uma linguagem, tem uma característica diferente. O consumidor hoje é mais impaciente, tem sua atenção mais fragmentada, usa o telefone em micro momentos de tédio, de espera, de lazer. Isso torna mais difícil a conversa. Assertividade tanto na segmentação, como na mensagem, é obrigação de qualquer um que quer se diferenciar e ter bons resultados hoje". Hugo Rodrigues, da W/McCann, tem uma ressalva importante com relação a isso: "Nós nunca vamos descobrir exatamente o que está passando na cabeça do ser humano. Às vezes você pode fazer uma abordagem personalizada via mobile no momento em que o cara acabou de bater o carro, o que vai pegar mal. Você pode fazer um contato extremamente perfeito, porque sabe o time para o qual ele torce ou o passeio que gosta de fazer, e ele pode ter perdido um parente naquele dia. Sua marca vai continuar sendo intrusiva".

> "Assertividade tanto na segmentação
> como na mensagem é obrigação
> de qualquer um que queira se diferenciar
> e ter bons resultados hoje".
> Guilherme Gomide

Marcelo Lobianco, CEO da Sapient/AG2, compara a comunicação em um mundo fragmentado ao jogo Tetris. "Agências continuam fazendo o que fazem há quarenta anos: TV, jornal, revista. *Mobile* permite que trabalhemos com *clusters* de consumidores, entregando mensagens mais relevantes dentro do contexto deles. E a análise da eficiência de cada mensagem precisa fazer parte dos modelos de atribuição para que se entregue cada vez mais aquela que converta mais, que gere mais leads, contatos, downloads, visitas e até mesmo que engaje mais. Uma mensagem adequada para cada *cluster*, como no Tetris". Antes do mobile, as marcas criavam uma única mensagem para todas as pessoas. Questionado sobre como as agências estão lidando com a necessidade de trabalhar múltiplas mensagens em uma campanha para serem relevantes diante da fragmentação dos meios, Leo Xavier responde: "Na verdade não é uma necessidade, mas uma brutal oportunidade. Mobilidade e dados transformam e redefinem a lógica de conversas entre marcas e pessoas, e isso é absolutamente único".

Se a comunicação foi transformada com a mobilidade, a próxima era causará disrupções ainda mais desafiadoras. Estamos falando da conectividade 24 horas por dia e sete dias por semana, através de uma infinidade de devices. Estamos falando da Era da Ubiquidade, tema do próximo capítulo.

Key Takeways

1. A tendência de termos múltiplas vias de comunicação é mais disruptiva ainda quando somada ao fato de estarmos sempre conectados e com nossos smartphones por perto em todos os momentos.

2. A qualidade e a coerência da sua presença nos canais digitais mais populares são as fontes da grande maioria das primeiras impressões que os consumidores terão com sua marca.

3. O consumidor está cada vez mais exigente e o desafio é inovar na maneira de se relacionar. Mobile é muito pessoal e alguns formatos de mídia ainda são muito invasivos. A pertinência de contexto e mensagem é crucial para diferenciar-se neste ambiente.

4. Não espere que o consumidor venha até seus canais, crie uma cadeia de conteúdos multiplataforma que se integrem e que se completem.

5. Relevância está intrinsecamente atrelada ao contexto: entregue a mensagem certa, no lugar certo, na hora certa.

6. Na hora de criar, lembre-se de que mobile não é apenas um aparelho, mas sim um novo comportamento do consumidor. É preciso que as campanhas nasçam integradas desde a origem, pois não existe mais espaço nem tempo para as antigas "adaptações".

7. Mobile Programático, a compra automatizada ultrapassa a barreira do contato direto e pode envolver milhões de publishers simultaneamente, o que resulta em uma alta capacidade de segmentação de audiências e o alcance de consumidores em nichos muito específicos.

8. A compra programática amplia a escala na compra e venda de mídia, otimiza investimentos e é mais transparente.

9. Contar histórias de valor para os clientes existentes e potenciais através de vídeos sofisticados e curtos é um desafio: o conteúdo precisa engajar o consumidor.

10. A análise da eficiência de cada mensagem precisa fazer parte dos modelos de atribuição para que se entregue cada vez mais aquela que

converta mais, que gere mais leads, contatos, downloads, visitas e até mesmo que engaje mais.

Interação

Que ferramentas únicas sua agência possui para ajudar sua empresa a alcançar seus clientes em um mercado de meios fragmentados?

Envie sua resposta com a *hashtag #fragmentação* para o Whatsapp (11) 99427-1155

A Era da Ubiquidade

O homem, e consequentemente o consumidor, gera cada vez mais informação, o que cresce a taxas exponenciais. Então, a pergunta que as marcas deveriam estar se fazendo no momento é: como o mercado vai mudar com a ubiquidade da informação e da conectividade e o que pode ser feito com relação a isso? Uma nova reformatação na relação com o consumidor está prestes a acontecer.

Muito em breve, estaremos 100% conectados, 24 horas por dia, gerando bilhões de dados comportamentais de forma voluntária ou involuntária. Esses dados virão de todos os lados: de *"smartcomputers"*, *smart cars*, *smart houses* e até mesmo de *smart cities*. Sensores e câmeras, cada vez mais minúsculos, já geram dados contínuos e ininterruptos. Uma nova geração de aplicações ágeis e centradas em dados já explora informações maciças geradas por usuários e empresas.

A verdade é que a alta conectividade já se tornou um hábito do consumidor. E o grande desafio na "Era da Ubiquidade" vai além do volume gigantesco de dados, porque não se tratam apenas de dados. Houve uma explosão de novas aplicações e APIs, e elas se multiplicam de um mês para o outro. A tendência é que essa proliferação de fontes e a explosão de dados de usuários possam inundar o mercado a ponto do setor de softwares não acompanhá-la. Imagine que a informação seja um rio, em que a empresa pesque dados do consumidor com uma vara e anzol. Agora visualize um dilúvio de grandes proporções, no qual a fluidez e o volume de dados torne essa tarefa cada vez mais desafiadora.

Um exemplo mais claro disso pode ser retirado dos sensores de dados cada vez mais presentes nos eletrodomésticos. Uma geladeira conectada o tempo todo e com um endereço IP pode gerar dados contínuos sobre a temperatura, consumo de eletricidade, data de validade dos produtos e necessidade de compras. Seu tênis de corrida gravará dados sobre a qualidade da sua pisada, a quilometragem percorrida, entre outros. Todos os objetos ganharão vida e estarão conectados à Internet de uma forma nunca vista antes.

Mesmo correndo o risco da imprecisão e de cair na mania humana de rotular tudo, o fato é que estamos em um processo de transição entre a Era da Informação e a Era da Conexão. Prestamos cada vez mais atenção às conexões de todos os tipos. E isso se parece com observar os espaços em branco entre as letras de um livro, além da informação contida em suas linhas. Cada conexão tem sua própria qualidade, textura, forma e significado, como se fossem criaturas vivas de uma determinada espécie, o que as torna mais vitais, subjetivas e adaptáveis do que a informação em si. Dados são fundamentais, seja para uma empresa gigante, seja para um indivíduo. Mas a forma, o momento e a qualidade com que nos conectamos a eles é que fazem a diferença. À medida que avançamos, ferramentas e ideias que nos ajudam a fazer conexões vão se tornando mais importantes do que aquelas que simplesmente gerenciam informações.

As conexões são o fundamento do significado, já que só existem em contexto. Sempre buscamos o significado, mas a tecnologia está nos levando de volta à essência. Por mais desatento que você seja à tecnologia, ao se concentrar em conexões e significados, provavelmente sentirá vontade de chegar a algum lugar.

Porém, conexões geram dados. A Cisneros Interactive, um dos maiores grupos de comunicação e entretenimento do mundo, comandada por Victor Kong, conta com mais de quarenta milhões de cookies com informações sobre os hábitos de consumo no México, por exemplo. Um volume de dados que certamente contribui para que seus anunciantes encontrem seus consumidores. Então, como as marcas e empresas podem lidar com a avalanche monumental de informação? A chave é encontrar as fontes de informação que, no início, são limitadas, mas depois se amplificam e aceleram. Pense em um fio d'água, que sai de uma montanha em cujo topo há uma variedade de riachos pequenos e aparentemente insubstanciais. Ainda que se mova para baixo da montanha, a água se combina em um fluxo cada vez maior, até que, em algum momento, está fluindo rápida e poderosamente. A água original ainda é parte deste rio, agora amplificado e acelerado.

Para André Ferraz, há um grande risco em associar tanta informação a um nome. "Para muitas empresas, o erro conceitual está em não respeitar o direito à privacidade. O modelo de negócios delas se baseia no compartilhamento de dados com terceiros, o que os torna suscetíveis a ações de hackers, por exemplo", diz o CEO da InLoco Media. Mas como qualificar o consumidor sem invadir sua privacidade? "O que importa para as marcas é se a pessoa possui um determinado comportamento, não dados pessoais. É necessário desenvolver modelos de anonimidade e isso é responsabilidade das empresas".

Mobile Engagement

O fato é que uma experiência altamente valiosa e personalizada envolve engajamento, e isso se torna ainda mais contundente a partir do momento em que o meio está constantemente junto ao consumidor, seja em uma saída para entreter-se, seja dentro de uma loja. Algumas ferramentas automatizadas de marketing, notificações push ou mensagens SMS, permitem que as marcas alertem o consumidor em seu momento de convergência com os produtos e serviços que desejam vender. Isso pode ser feito através de técnicas como *geo-fence*, um perímetro virtual para uma área geográfica no mundo real, e *geo-conquest*, a segmentação usada para alcançar e envolver consumidores enquanto eles estão dentro ou ao redor da localização de um concorrente. *Chatbots* com *geolocation* também podem desempenhar um papel vital na captura da atenção dos consumidores em movimento. As empresas que incorporarem essas tecnologias de localização vão ficar à frente dos varejistas que não se adaptarem ou insistirem no uso de técnicas obsoletas para levar os clientes até seus estabelecimentos comerciais.

É claro que, por se tratarem de tecnologias emergentes, as marcas vão fazer experiências para a obtenção de melhores resultados. Empresas de todos os tamanhos ainda possuem uma presença móvel básica. Poucas estão além de um site otimizado ou com um aplicativo indispensável. Uber, AirBNB, Pokémon Go e Snapchat explodiram justamente por conta da maneira incrível de interagir com seus clientes. Mas o mercado está se movendo e os olhos de todos os consumidores têm o mesmo destino: a tela de seus celulares. Leo Xavier, da Isobar, aposta na inteligência: "Nosso desafio está em como construir *smartbrands* e *smartcompanies* para o que chamo de *smartconsumers*. Estamos no momento em que saímos de uma era de aplicações centradas e limitadas a um smartphone e partimos para uma era de coisas e serviços *smart*. O smartphone, a SmarTV, o *smartcar*, o *smartdelivery*, os *smart* tudo acabam por criar um consumidor mais *smart*. E é para esse novo consumidor que temos de construir *smart* empresas, *smart* marcas".

Neste novo mundo, o crescimento da Internet das Coisas, a computação ubíqua dentro e fora de casa, a multiplicação do Big Data e do Cloud Computing, a computação cognitiva e analítica, entre outros, transformarão a tecnologia como um todo. A ubiquidade proporcionará uma infinidade de novos modelos de negócios e reforçará a necessidade da mudança de estratégia em tempo real. Para Juan Carlos Goldy, da Logan Media, "não há a opção de não entrar em estratégias para dispositivos móveis. A indústria mobile afetou todas as outras indústrias, incluindo processos internos e externos, como a comunicação. Toda marca tem que pensar nessas estratégias". Alberto Pardo, da Adsmovil, vai fundo: "Mobile será o centro de tudo. Olhe para os jovens, eles não usam mais computadores, só gostam de smartphones. O celular será o canal principal, conectado a quase qualquer outro dispositivo. Se sua marca não se adequar, ela estará fora". Porém, Ana Julia Ghirello deixa um alerta: "Ninguém quer ficar muito tempo filtrando, buscando, *browsing*. Há uma valorização sobre passar menos tempo no celular, e isso vai ocorrer quanto mais eficaz for a entrega de informação relevante das soluções mobile que utilizamos. A questão é: como utilizar o mobile pra ganhar mais tempo de presença com as pessoas e a sua vida? Isso é o que deve reger a evolução. Como entregar relevância com rapidez para que as pessoas passem menos e menos tempo no device". Neste novo mundo, muitas vezes uma tecnologia contribui para a evolução de outras. É o que pensa Guilherme Gomide, um dos pioneiros do Search Marketing no Brasil: "O mercado de busca, por exemplo, mudou bastante com a hoje predominância de dispositivos móveis. A tela é menor, o espaço disponível diminuiu muito e isso fez com que ficassem mais escassos os espaços de busca paga e resultados naturais (orgânicos). Ficou mais competitivo, e, do ponto de vista de monetização em busca para os veículos, menos interessante. Outras frentes compensaram isso, como o vídeo, que teve uma adoção mobile muito rápida".

Hoje, vemos diversos serviços *peer-to-peer*. Uber e Airbnb são grandes exemplos de economia compartilhada que ganharam maior impulso graças ao mobile. Existem até moedas *peer-to-peer*, como o Bitcoin, por exemplo. Guga Stocco avaliou essa tendência no mercado financeiro: "Não tem volta! Mobile é o instrumento perfeito para fazer pagamentos sem fricção ou para resolver problemas como escolher um hotel ao seu redor ou reservar em minutos um quarto. Outros pontos importantes são o poder que ele dá ao usuário, a comunicação pode ser feita em tempo real, a geolocalização abre um universo de oportunidades e muito mais está por vir com o uso de sensores".

As Tendências Ubíquas

As receitas provenientes de aplicativos móveis alcançarão a marca de USD77 bilhões em 2017. Espera-se que haja 197 bilhões de downloads de aplicativos para celular em 2017, 48 bilhões a mais do que em 2016. A ubiquidade dos apps é uma forte tendência, pois mais e mais negócios vão desenvolvê-los para ampliar seu *awareness*, suas vendas e para engajarem-se com seus consumidores em um nível mais personalizado. Outra tendência prioritária na lista dos marqueteiros para os próximos anos é a automação de marketing, o que inclui a automação em mobile marketing. Antigamente, as marcas vendiam e depois se relacionavam. Hoje, é necessário construir uma relação antes. E isso demanda um esforço humano que poderia inviabilizar negócios. Assim, a automação dos processos já é uma realidade, com esteiras de venda por e-mail, notificações, Chatbots, mensagens e outras técnicas para conquistar o consumidor aos poucos e processar, analisar e utilizar o cada vez maior número de dados provenientes da coleta de informações para entregar conteúdos de acordo com cada perfil, criando um relacionamento antes da venda.

A ubiquidade já está e será ainda mais presente com o crescimento dos *messengers*, algo que já é considerado o meio do futuro. Seis dos dez apps mais usados no mundo são de mensagens. Eles vão se sobrepor às redes sociais nos próximos anos em termos de usuários ativos, justamente por proporcionarem maior privacidade do que as redes. Os anunciantes usarão os "mensageiros" para se conectarem com seus consumidores em um nível ainda mais personalizado. Os diálogos através dos messengers, como o Whatsapp, são pessoais e confortáveis. Isso aumenta dramaticamente o índice de conversão e sua retenção. Chatbots com inteligência artificial avançada, interfaces de softwares confiáveis e consultores online bem treinados serão cada vez mais necessários.

Como veremos no próximo capítulo, a Internet das Coisas contribuirá muito para a conexão ubíqua. Uma pesquisa do SmartInsights afirma que, em 2020, haverá mais de 75 bilhões de devices conectados, ou seja, teremos mais coisas conectadas do que pessoas no planeta. Por outro lado, enquanto as empresas continuarão a investir em aplicativos e no marketing mobile, a segurança móvel é um campo que não deverá ser ignorado. A maior parte dos apps desenvolvidos hoje não se preocupa com isso. Na Era da Web, os sites seguros através de certificados SSL garantiram a segurança dos dados dos clientes, especialmente os mais sensíveis. Creio que algo similar acontecerá com mobile.

A ubiquidade tecnológica alavancada pela alta conectividade vai mudar tudo mais uma vez. Será calcada em tecnologias como Inteligência Artificial, Geolocalização, Realidade Virtual, Realidade Aumentada, Internet das Coisas e muitas outras emergentes que vão contribuir para as novas mudanças e darão o tom do futuro. E é sobre as maiores promessas da inovação tecnológica que falaremos a seguir.

Key Takeways

1. Uma nova geração de aplicações ágeis e centradas em dados já explora dados maciços gerados por usuários e empresas.
2. Estamos em um processo de transição entre a Era da Informação e a Era da Conexão.

3. A chave é encontrar as fontes de informação que, no início, são limitadas, mas depois se amplificam e aceleram.

4. Um erro conceitual é não respeitar o direito à privacidade do usuário.

5. O que importa para as marcas é se a pessoa possui um determinado comportamento, não dados pessoais. É necessário desenvolver modelos de anonimidade e isso é responsabilidade das empresas.

6. As empresas que incorporarem tecnologias de localização vão ficar à frente dos varejistas que não se adaptarem ou insistirem no uso de técnicas obsoletas para levar os clientes até seus estabelecimentos comerciais.

7. A ubiquidade proporcionará uma infinidade de novos modelos de negócios e reforçará a necessidade da mudança de estratégia em tempo real.

8. O celular será o canal principal, conectado a quase qualquer outro dispositivo. Se sua marca não se adequar, ela estará fora.

9. Mobile dá muito poder ao usuário, a comunicação pode ser feita em tempo real, a

geolocalização abre um universo de oportunidades e muito mais está por vir com o uso de sensores.

10. A segurança móvel é um campo que não deve ser ignorado.

Interação

Como sua empresa se conecta com o consumidor dentro de um cenário ubíquo?

Envie sua resposta com a *hashtag #ubiquidade* para o Whatsapp (11) 99427-1155

Next!

Uma das habilidades mais sonhadas pelo ser humano é a de prever o futuro. O ponto é que, quando as previsões estão relacionadas à evolução tecnológica, o que mais vemos é oportunismo, o que acaba diminuindo a credibilidade de projetos sérios e elevando a de outros, com fins apenas de aproveitar a espuma da onda. O fato é que a disrupção fez com que indústrias há pouco consideradas gigantes do mercado declinassem. Quem não se lembra dos players de música? E das câmeras fotográficas digitais? Após o surgimento dos celulares com câmera, os analistas previram que o mercado de câmeras digitais sofreria um grande impacto um ano depois. Eles estavam errados: elas não duraram seis meses após a proliferação dos smartphones com câmeras de todos os tipos e resoluções. Guilherme Gomide, da Mirum, tem um conselho de ouro neste sentido: "Nunca menospreze o tempo de adoção de uma tecnologia".

Ele conta que, em 2008, com o iPhone recém-lançado, era sócio de uma empresa de *Local Search* que tinha um braço de GPS para carros. Na época, alguns anos antes do Waze surgir, seu sócio trouxe a ideia de desenvolver um aplicativo que rodasse em celulares e funcionasse como um navegador GPS dentro do celular, já que eles tinham mapas, time de desenvolvimento e expertise mobile dentro de casa. A ideia foi descartada e eles ficaram de revisitá-la quando a tecnologia estivesse mais alastrada e as conexões de dados mais evoluídas. Mas não deu tempo. "Obviamente, dois anos depois, fomos atropelados", e ele conclui: "Não que eu ache que teria inventado e vendido o Waze para o Google por US$1 bilhão, mas só pra exemplificar como às vezes, mesmo estando sempre antenados, perdemos o bonde facilmente".

"Nunca menospreze o tempo de adoção de uma tecnologia"
Guilherme Gomide

Muitas empresas e marcas tomam um caminho ainda mais ineficaz. Em vez de realmente tirarem proveito das tecnologias emergentes, investem em ações apenas para "parecerem" que estão antenadas com as mudanças. A maior parte delas não apresenta qualquer espécie de resultado na comparação entre investimento e retorno em vendas. Um exemplo clássico foi o Second Life, uma aberração de realidade virtual que mais torrou dinheiro das empresas do que se mostrou efetiva, mesmo se tratando de *branding*. Portanto, por mais que a mídia especializada e os *early adopters* anunciem a última crista da moda tecnológica do momento, a sugestão é encarar tudo com eficiência, não com ansiedade. Hoje, os temas giram em torno de *blockchain*, inteligência artificial, realidade virtual, *big data* e *machine learning*, entre outras. Em breve, poderemos ouvir falar de biocomputação, *brain extensions* e outras "coisas" com inteligência semelhante à dos humanos.

Na última década, passamos por disrupções nas indústrias da música, dos livros e da informação, da propaganda, educação, saúde, manufatura, seguros, bancos, no varejo e até mesmo no transporte e na hospedagem. A Apple mudou a indústria da tecnologia, o Google transformou a Web, o Skype iniciou a disrupção nas telcos, acentuada com a disseminação do Whatsapp e de outros *instant messengers*. A Netflix mudou a face do entretenimento, soterrando gigantes como Blockbuster e causando impactos irreversíveis na televisão e no cinema. Em 2008, a venda de computadores desktop representava 45% do mercado. Em 2015, já não atingia 18%. E *mobile* acelerou e vai continuar acelerando a *timeline* da disrupção. O telefone levou 75 anos para atingir 50 milhões de usuários, um número que a Rovio atingiu em apenas 35 dias após o lançamento do game Angry Birds.

E como é que se disrompe um mercado? A verdade é que inovações disruptivas não precisam necessariamente dominar um mercado, elas apenas podem muda-lo e forçar outros players, mesmo os já estabelecidos, a se adequarem. O maior objetivo das companhias disruptivas é desafiar as convenções e criar novas.

Alguns de meus parceiros neste livro pensam da mesma forma. Para Bob Wollheim, disruptivos foram iOS e Android, os primeiros a criarem ecossistemas e redes para mobile. Para Eco Moliterno, da Accenture Interactive, foi quando se deu a quebra do Mobile First para o Mobile Only, com aplicativos como o Snapchat e o Waze. A mídia programática disrompeu a maneira de fazer propaganda, afirma Alberto Pardo. Para Juan Goldy e Stocco, o *blockchain* e as *fintechs* mudaram completamente o panorama da indústria financeira. Já Tati Ponce, da Nivea, acredita que foram os serviços que viraram segmentos de ponta cabeça, como Uber e iFood. Para ela, o grande segredo está em se tornar imprescindível para o consumidor. Perguntado sobre o que foi e será disruptivo nos próximos anos, Eco Moliterno é categórico: "Para mim, os produtos e serviços que mudaram e continuarão a mudar o jogo são aqueles que pularam a fase do *Mobile First* e foram direto para a era do *Mobile Only*. Ou seja, que já foram concebidos tendo como prioridade máxima o celular e mal podem ser replicados em outras plataformas, como, por exemplo, o Snapchat e o Waze".

"O segredo está em se tornar imprescindível para o consumidor".
Tati Ponce

Mas você não precisa recorrer a um vidente para prever o futuro, pelo menos não no mundo dos negócios. É o que prega Daniel Burrus e John David Mann, autores de *"Flash Foresight: How to See the Invisible and Do the Impossible"*. O livro discorre sobre as etapas para transformar sua empresa hoje com base em informações do amanhã. Imagine o quão valioso seria para sua marca se você ou seus colaboradores pudessem antecipar o que vem pela frente de uma forma consistente, e não apenas com base em análises cruas de pesquisas e tendências de mercado. Tendências e pesquisas são necessárias sim, mas compõem apenas a primeira volta no segredo do cofre.

O primeiro passo efetivo para o exercício de previsão é começar com as certezas. Para construir uma "base de certezas", é necessário estar atento a dois tipos de tendências: as que serão (fortes) e as que podem ser (suaves). Identificar e elencar uma série de dados, com informações e previsões do que vai ser e do que pode ser dentro do seu mercado de atuação, é um passo adiante. Por exemplo, o Gartner dizia que a venda de PCs, tablets e celulares atingiria a marca de 2.4 bilhões de unidades em 2013 e que a previsão era de crescimento contínuo, alterando apenas a composição do mix – mais móveis, menos desktops – chegando à casa dos 2.9 bilhões em 2017. Nesse caso, a tendência forte era de o que o acesso à Internet se tornaria cada vez mais mobile, sem dúvida alguma, algo que ocorreu. Como tendência suave, tomando alguns comportamentos de usuário de aplicativos, poderíamos predizer que o "grátis antes do pago" ditaria as expectativas e, por consequência, se tornaria a regra do mercado. Era uma tendência suave, que também aconteceu. Poderia ter ocorrido, como também não poderia. Identificar, antes de tudo, as tendências fortes, e então fazer um planejamento para alavancar os resultados previsíveis oferece às empresas e indivíduos a chance de aproveitar essas tendências. O segundo passo está em determinar o grau de probabilidade de cada tendência – forte e suave – e preparar planos de contingência. Aqui não tem mistério: preparar sempre um plano B, pronto para possíveis desvios no caminho. Burrus e Mann também sugerem utilizar a tecnologia e tirar vantagens de suas rápidas mudanças para alavancar novos negócios e segmentos, algo que alcançará proporções maiores se você mantiver o foco da empresa em seus pontos fortes e em melhores formas de fazer algo em que se considera único. Reforçam também a necessidade de sair da zona de conforto e procurar olhar para onde ninguém está olhando, ver o que ninguém mais está vendo e fazer o que ninguém está fazendo.

"No passado, a previsão do futuro era útil", escrevem os autores. "Hoje, como o ritmo da mudança tecnológica acelera além do ponto de compreensão, é essencial".

E quais são as tendências para os próximos cinco anos? Para mim, a tendência mais forte e indubitável é a de que estaremos cada vez mais conectados. Fiz essa pergunta a todos os executivos e empreendedores entrevistados do livro e agrupei as respostas a seguir em uma lista das tendências emergentes mais significativas para a mobilidade e para a conectividade:

Inteligência Artificial

Há um ditado que diz que a inteligência artificial nunca será páreo para a estupidez natural do ser humano. Filosofias à parte, isso serve apenas para levantar a questão de que o aperfeiçoamento de um "cérebro digital" requer, e continuará requerendo nos próximos anos, que um cérebro humano, por mais subaproveitado que seja, forneça subsídios para a tomada de decisões de uma máquina. É notório que computadores obedecem à conhecida Lei de Moore, segundo a qual suas velocidades e complexidades dobram a cada 18 meses. Ainda assim, seguindo a máxima acima e mesmo com esse crescimento exponencial, há quem garanta que as máquinas nunca serão capazes de apresentar uma inteligência completa. Assim, como ocorre na biologia, apesar de com mais lentidão, velocidade e complexidade tendem a tomar caminhos inversos, ressaltando que sinais elétricos são mais rápidos do que os químicos. Quem afirma isso é ninguém menos que o maior físico teórico de nosso tempo, Stephen Hawking. Para ele, ainda temos um bom caminho a percorrer na estrada da Inteligência Artificial e do *Machine Learning*, com um cenário não muito positivo adiante, pois a velocidade da luz muito em breve se tornará uma barreira nos projetos de supercomputadores mais velozes. Para superar isso, as máquinas poderiam se aproximar do cérebro humano, copiando seu processamento paralelo maciço, algo que ainda está longe de acontecer.

De qualquer forma, o MIT elencou três grandes tendências nesta área para os próximos anos. A primeira delas está mais associada ao cérebro animal do que ao humano, o reforço positivo. Utilizando essa abordagem, um computador pode descobrir como se deslocar em um labirinto através de tentativas e erros e, por fim, associar a saída dele, o resultado positivo, às ações que levaram a isso. A segunda tendência tem a ver com "duelos neurais" entre redes. Assim, uma rede gera novos dados após aprender através de uma ou do conjunto de outras, e tenta discriminar dados verdadeiros e falsos sem a interferência humana. A terceira tem a ver com a linguagem. Tecnologias que produziram um progresso espetacular no reconhecimento de voz e imagem, entre outras áreas, também podem ajudar computadores a analisar e gerar linguagem de forma mais eficaz.

Se você tem realmente interesse em AI, também precisa ficar de olho na China. A Baidu, gigante chinesa líder em pesquisas na área, apresentou melhorias em tecnologias como reconhecimento de voz e processamento de linguagem natural, o que tem sido utilizado com sucesso na otimização de propaganda. A Didi, especializada em viagens que recentemente comprou as operações do Uber na China, já está trabalhando em carros próprios sem motorista. O MIT também alerta para o *hype* em torno da Inteligência Artificial, onde trabalhos sérios são muitas vezes suplantados pelas espumas do mercado, o que acaba levando a uma sensação de desapontamento quando os avanços não acontecem. Nesta área, as tendências mais sérias estão nos campos da geração e do processamento natural da linguagem, do reconhecimento de voz, dos agentes virtuais, das plataformas de *machine learning* e *deep learning*, de hardware otimizado para IA, da biometria e da automação de processos utilizando a robótica. Segundo Guga Stocco, a Inteligência Artificial não apenas irá auxiliar no dia a dia como poderá prever e melhorar o dia das pessoas. "Imagine uma inteligência que lê seu calendário, consulta o trânsito, entende as tarefas que você tem que fazer e analisa diferentes bases internas e externas. Essa ferramenta vai poder fazer seu trabalho e decidir várias ações do seu dia. O ganho aqui é exponencial na vida das empresas e das pessoas".

Geolocalização

Essa talvez seja a palavra mais badalada quando nos referimos a *mobile*. Não é à toa que se trata da tecnologia mais disruptiva neste sentido. A geolocalização abriu um leque de oportunidades em praticamente todos os setores e indústrias. Waze, Uber e Airbnb são os maiores expoentes da utilização relevante na solução de problemas imediatos do consumidor em movimento, seja em trânsito, seja em busca de um lugar para se hospedar.

A propaganda e o marketing entraram em uma nova era nos últimos dois anos graças às inovações tecnológicas na localização. Agora, os anunciantes têm o poder de analisar dados em tempo real para segmentar melhor suas campanhas com base na localização de seus consumidores e medir com mais efetividade a forma como seus anúncios realmente impulsionam o tráfego até seus negócios, sejam virtuais ou de tijolo e cimento, com a vantagem de poder desenhar com mais detalhes a jornada do consumidor, do anúncio até o momento da compra e depois dela. É possível determinar o raio de ação, ambiente, o horário, cruzar dados qualitativos e quantitativos sobre o usuário e seu comportamento físico. O que o consumidor está fazendo, onde e em que momento são informações imprescindíveis quando falamos de contexto e relevância.

A geolocalização já deixou de ser tendência para ser incorporada às tecnologias que contribuem para o sucesso das marcas. Através dela, já é possível mapear e ativar consumidores próximos ao seu negócio ou até mesmo de um concorrente, entregar resultados mais relevantes de busca justamente com base nessa proximidade e segmentar e engajar a audiência desejada em um ponto específico de sua jornada de compras. Marcelo Lobianco, da Sapient/AG2, conta que, quando ainda trabalhava no Facebook, recebeu uma demanda do Carrefour sobre o estoque excessivo de Xboxes em uma determinada loja do grupo. Foi criada, então, uma ação promocional com *geolocation* e a meta era esgotar o produto em um fim de semana. "Acabou tudo em menos de duas horas!".

Alberto Pardo, CEO da Adsmovil, afirma que saber onde o consumidor está hoje é mais importante do que qualquer dado demográfico, pois ajuda a abordá-lo no momento mais apropriado. Essa é a principal diferença entre um dispositivo móvel e o desktop. Entre as vantagens da aplicação da tecnologia à publicidade estão a segmentação detalhada da audiência com base nos locais que frequentam ou apenas visitam e o real time, seja ao influenciar a decisão de compra no momento em que o consumidor está dentro de uma loja, seja na identificação do contexto, o que amplia a relevância e o sucesso das ações e campanhas.

Para André Ferraz, da InLoco Media, *mobile* sem geolocalização não é *mobile*. Realmente, a geolocalização inteligente, atrelada à obsessão do consumidor com os dispositivos móveis, permite criar quantidades significativas de dados e *insights* para dar suporte a decisões críticas em uma ampla gama de negócios. Porém, geolocalização requer a avaliação de uma variável até então deixada em segundo plano pelos anunciantes e marcas: transparência. Lembre-se de que o poder do consumidor se amplia com a maior conectividade.

E esse poder exigirá cada vez mais obter maior compreensão de como e com que finalidade os dados são coletados. A questão da privacidade precisa ser levada em conta, mesmo que o índice de usuários que não autorizam o rastreamento de sua localização gire em torno de 6%, segundo uma pesquisa da InLoco Media.

Portanto, Geolocalização é uma tendência fortíssima nos próximos cinco anos. E o GPS atrelado à câmera pode gerar grandes oportunidades, como veremos a seguir.

Realidades Virtual e Aumentada

Imagine que você está em sua casa, diante de uma webcam, e pode experimentar calças, camisas e até sapatos, sem precisar tirar a roupa. Ou dirigir o carro que pretende comprar antes mesmo de se dirigir a uma concessionária. Ou até ser transportado para um evento ou show, como se lá estivesse, sem precisar sair do sofá. Se a geolocalização é a tecnologia que trouxe mais oportunidades para as marcas nos últimos anos, realidade virtual e realidade aumentada talvez sejam as que mais terão apelo junto ao consumidor nos próximos. Trata-se de uma tecnologia que sobrepõe *layers* ou hologramas com objetos, conteúdo ou informação ao ambiente existente em tempo real. Graças à bem-sucedida iniciativa da Nintendo com o game Pokémon Go e ao lançamento de *devices* e *headsets* como o Hololens, da Microsoft, o Oculus Rift, do Facebook, e o Playstation VR, da Sony, marcas e anunciantes estão ansiosos para adotar a tecnologia. Guilherme Gomide dá um exemplo mais tangível que, como sempre, se baseia na resolução de um problema: "É só imaginar que você está em uma viagem na China e não entende uma placa de trânsito sequer. Então, você aponta seu celular para um outdoor, por exemplo, e ele automaticamente detecta, traduz e renderiza o outdoor no seu idioma".

O impacto desse tipo de tecnologia no e-commerce será muito significativo, permitindo uma experiência mais "real" no processo de compra. Para empresas de roupas, acessórios e maquiagem, a realidade aumentada apresenta uma nova maneira de mostrar aos clientes como utilizar seus produtos. Porém, é preciso estar de olho em algumas barreiras para a adoção e propagação, como preço, segurança na utilização em ambientes externos, efeitos colaterais e a exclusão de pessoas ao redor durante a experiência. Outra preocupação dos consumidores está exatamente em como anunciantes utilizarão a tecnologia para a propaganda. Lembre que estamos falando de *devices* que geram experiências de imersão sensitiva e participação ativa.

A realidade virtual dará ao consumidor uma experiência que ele não teria de outra forma, transportando-o imediatamente para outro lugar e mergulhando-o nesse mundo. Assim, a propaganda nesses ambientes precisará se basear no consentimento e conhecimento prévio ou ser tratada como parte integrante da paisagem. Outro ponto a levar em consideração é o interesse. Fazer com que o consumidor permaneça imerso dentro de uma experiência virtual é um desafio tão grande quanto o que os roteiristas de cinema enfrentam para manter os espectadores interessados em um filme.

Um dos cases mais bem-sucedidos de utilização da realidade aumentada é o Pokémon Go. O game abriu os olhos das marcas ao inovar na utilização combinada de geolocalização com o *"layer* virtual", o que possibilita não apenas um conhecimento melhor de onde os consumidores estão, mas aprofundar e descobrir onde eles realmente colocam sua atenção. O anunciante hoje pode saber exatamente onde está seu cliente, mas, para empregar com eficácia a relevância, as realidades virtual e aumentada podem contribuir muito para a avaliação do contexto perfeito.

IoT - Internet das Coisas

As primeiras aplicações de "coisas conectadas" não atraíram muito a atenção do consumidor: geladeiras, sofás, cafeteiras, máquinas de lavar. IoT, do inglês *Internet of Things,* é o termo utilizado para essas aplicações, sendo que "coisas" se referem a uma variedade de dispositivos e máquinas conectadas com softwares, com a Internet ou com a nuvem, o que permite que dados sejam trocados entre eles. Já faz algum tempo que ouvimos falar de casas e carros inteligentes. Mas a realidade ainda está longe de refletir as especulações. A tecnologia dos IoT *Devices* tem obtido mais sucesso em áreas nas quais o usuário não precisa ou não é capaz de notá-la. Por exemplo, hoje você atravessa um pedágio ou estaciona seu carro em um shopping sem se preocupar com tickets ou pagamentos. Segundo uma projeção do Business Insider, a base instalada de coisas conectadas atingirá a marca de 22.5 bilhões em 2021, quase quatro vezes maior do que em 2016. Embora a tecnologia ainda tenha mais tração no meio industrial ou nas aplicações "invisíveis", trata-se de mais uma grande oportunidade para medir e influenciar o comportamento do consumidor além dos círculos tradicionais. A verdade é que sensores e outros microdispositivos inteligentes vão mudar drasticamente a forma como as marcas podem alcançar e gerenciar as relações com seus clientes.

Como toda tecnologia emergente, tudo é muito bonito na teoria, mas nada simples na prática. E com IoT não seria diferente. A ausência de uma linguagem comum é inversamente proporcional ao número de sistemas e modelos. Não há qualquer tipo de padronização, o que gera um sério desafio de interoperabilidade. Esse problema talvez decorra do excesso de *players* diferentes e espalhados pelo mundo criando dispositivos e softwares sem que haja colaboração suficiente para estabelecer padrões. Há uma tonelada de aparelhos e aplicativos no mercado, mas raras são as soluções que amarrem tudo para gerar uma perfeita e única experiência de usuário.

Quem está mais bem posicionado para compreender as necessidades e dores que IoT pode prover e resolver são as *startups,* com uma imensa gama de oportunidades pela frente na área. Nos próximos cinco anos, é bem provável que nossos aparelhos domésticos, carros, máquinas, lâmpadas e outros dispositivos eletrônicos fiquem cada vez mais interconectados. Da mesma forma como você paga o pedágio "sem perceber", você estacionará o carro na garagem e as luzes da casa se acenderão automaticamente. Marcelo Castelo, da Muv, tem razão ao afirmar que hoje não faz mais sentido ficar 25 minutos esperando a conta de um restaurante, pagar no cartão e pegar um comprovante, por exemplo. Talvez você até se desloque pela cidade inteligente em um carro sem motorista na hora do rush, com o trânsito fluindo como em uma manhã de domingo. Dá até para prever a interligação desses aparelhos com sua agenda, o que dará a eles a "inteligência" para começar a preparar o café da manhã tão logo você desliga o despertador, alertar sobre ingredientes necessários para o menu do almoço ou até criar uma *playlist* mais adequada ao gosto musical da maioria dos amigos que vêm para jantar. Na teoria é tudo muito lindo.

O mesmo sentimento ocorre com *wearable computing*, onde ainda se vê mais um exibicionismo de tecnologia do que soluções específicas para as necessidades e desejos mais profundos do consumidor. Hoje, por exemplo, temos *smartwatches* sendo utilizados como uma espécie de segunda tela para smartphones, enviando alertas e notificações. Esse subaproveitamento não tem cativado muito os usuários, que esperam sempre mais de seus *gadgets*.

IoT certamente revolucionará a vida pessoal e também a economia, melhorando processos.

Porém, sua aplicação no marketing remete à estratégia do *Consumer First*. Usar a tecnologia pela tecnologia é o caminho mais rápido para a ineficácia. É fundamental que você saiba que pode conectar qualquer coisa à Internet, mas isso não significa que deva fazê-lo sem um motivo muito especial. A próxima era da computação é sobre a integração elegante de informações virtuais em nosso mundo, sem precisar que elas nos vedem o mundo físico. Como utilizar isso para solucionar problemas específicos das pessoas e para monitorar e influenciar consumidores no processo de compras é um grande desafio para as marcas.

Ubiquidade

Como já vimos no capítulo anterior, não há como negar que a onipresença da conectividade e da informação na vida dos consumidores mudou drasticamente a forma como marcas e anunciantes pensam e agem para estarem próximos de seus públicos. Nos últimos anos, a quantidade de dados gerada por usuários e o aumento do tempo de conexão cresceram de forma massiva, e as novas tecnologias digitais resultaram em saltos exponenciais no poder de computação, análise e utilização desses dados. As novas tecnologias alimentam essa evolução e espalham novas ideias e inovações para mais pessoas a cada dia. A tendência é que esse crescimento se acentue e torne todo o processo mais poderoso e sofisticado. Como em qualquer outra área, isso traz implicações positivas e negativas.

O processamento de dados e a conectividade são apenas uma parte dessa história. A força disruptiva final está no grau em que tal ubiquidade impactará os fluxos comerciais, de capital, de pessoas e informações. Os relacionamentos forjados pela tecnologia marcham de maneira ininterrupta e crescente, levando a globalização a um novo patamar e criando oportunidades nunca antes imaginadas. Porém, isso também gera uma volatilidade inigualável.

A ubiquidade, a conexão constante geradora de dados, oferece oportunidades para a melhor compreensão do consumidor e de sua jornada de compras, não há dúvidas. No entanto, se não houver um movimento para estruturar *workflows* e incentivar o aprimoramento do uso dos dados, tudo isso não terá muita serventia. Mais do que nunca, o mercado será definido pela geração e pela forma como as marcas processam tamanha quantidade de informação. É certo que o aumento de ubiquidade e análise de dados pode otimizar sistemas de eficiência e gerar resultados positivos, mas isso também depende em grande parte da vontade das pessoas de compartilhar seus dados com as empresas e outras partes interessadas. Se o consumidor não puder exercer algum controle sobre quando e como seus dados são compartilhados e armazenados, é possível que isso gere controvérsias e impactos negativos. E isso pode resultar na perda de informações essenciais. Melhores condições de serviço com base no *Consumer First* e uma maior transparência em torno da coleta e armazenamento de dados podem ajudar a resolver as preocupações, embora seja necessário estar em constante atenção para garantir que a privacidade, a segurança, a propriedade intelectual e até mesmo a responsabilidade sejam sempre prioridades.

Hoje, há disrupções de convenções em praticamente todos os mercados e setores da economia mundial, e também em todos os aspectos de nossas vidas. Para qualquer lado que olhamos, há uma tecnologia gerando novas tendências, quebrando paradigmas ou simplesmente rompendo padrões estabelecidos. O fato é que a globalização social e mobile acontecendo ao mesmo tempo significa que o mundo irá mudar de maneira cada vez mais veloz e isso, por si, representa uma mudança irreversível na forma das empresas crescerem, prosperarem e, principalmente, tomarem decisões.

A ubiquidade já é uma realidade. Identificar meios, canais e formas de processar e extrair as pérolas em um mar de informação e conexão é uma necessidade. Criar processos escaláveis através de algoritmos que provêm informação qualificada com base no contexto – leia momento, local e atenção – de milhões de usuários e agir para entregar relevância, customização e personalização em tempos cada vez mais curtos é o que vai determinar o sucesso ou o fracasso de campanhas e ações promocionais e de vendas daqui para frente. E acompanhar a aceleração das mudanças com mais eficiência e menos ansiedade é o segredo que irá diferenciar *winners and loosers*.

Para encerrar este exercício de previsão do futuro, deixo você com 10 questões para te ajudar a colocar em prática a bola de cristal da tecnologia.

Como Prever o Futuro

1. Quais são as três grandes tendências tecnológicas, aquelas que ocorrerão nos próximos cinco anos com impacto direto ao seu *core business*?
2. E quais são as três tendências suaves, aquelas que podem ou não acontecer?
3. Pesquise e liste os vieses positivos e negativos que puder sobre cada uma delas.
4. Qual é o grau de probabilidade de que cada uma delas aconteça e em que prazo estimado?

5. Em que ponto da jornada do consumidor, do seu cliente, cada tendência abre uma oportunidade única para resolver um problema?

6. Como e quais tecnologias podem ajudar sua marca a solucionar esse problema?

7. Quais são suas principais forças e fraquezas diante do cenário que você levantou?

8. Que tipo de processo você pode estabelecer para extrair e analisar dados capazes de corrigir desvios de rotas e erros de cálculos no menor tempo possível?

9. Quais são os recursos, forças e tempo necessários para preparar sua marca, sua agência, sua empresa, seja ela consolidada ou uma *startup*, para se adequar aos cenários de velocidade e complexidade que se acentuam?

10. Para onde você, seus concorrentes e até mesmo seus clientes não estão olhando? O que sua empresa pode fazer que ninguém está fazendo ou é capaz de enxergar o que ninguém está enxergando?

Por fim, lembre-se de que as grandes oportunidades estão, na maior parte das vezes, na contramão do pensamento dominante. Se você não tomar as rédeas do futuro de sua companhia, é bem provável que uma *startup* tocada por cabeças que mal deixaram a faculdade façam isso por você. Nenhum empreendedor ou executivo pode se dar ao luxo de não desenvolver a habilidade de antecipação. Mas vale o conselho de Hugo Rodrigues, da W/McCann, sobre as previsões: "Tenha muito respeito e humildade pelo futuro, porque ninguém, nem os maiores tecnólogos e desenvolvedores, sabe o que vem por aí. Então, mantenha-se com um olhar de curiosidade e de vontade de aprender. Esse é o único jeito de permanecermos úteis no mundo".

Interação

Qual é a sua visão para o futuro?
O que muda nos próximos cinco anos?

Envie sua resposta com a *hashtag #futuro* para o Whatsapp (11) 99427-1155

Conclusão

Quero agradecer a você por me acompanhar nesta jornada sobre a "disrupção". As mudanças que a tecnologia tem causado na liderança, na comunicação, no consumidor e nos negócios são visíveis. Espero, sinceramente, ter conseguido apresentar e elucidar questões sensíveis sobre as transformações que o mundo passa, especialmente em relação aos avanços tecnológicos que conecta mais pessoas e muda indústrias de praticamente todos os setores em tempos cada vez mais curtos. Lembre-se de que esta revolução está apenas começando. Em contraste com a Internet, em grande parte estacionária do final do milênio e do início dos anos 2000, as pessoas estão hoje cada vez mais conectadas ao mundo da informação digital, através de seus smartphones e outros *devices*. A maior parte dos consumidores, em uma ampla gama de grupos demográficos, faixas etárias de renda e escolaridade, possui um celular a menos de dois metros do corpo, 24 horas por dia, sete dias por semana. E grande parte desses o utiliza como seu meio primário, e muitas vezes até único, de acesso e conexão. A compreensão de como o marketing mobile está se moldando e como as coisas se darão nos próximos anos ajudará marcas, anunciantes e agências a dar um passo à frente de seus concorrentes, e tornará muitos deles obsoletos em pouco tempo. Essa é a tendência da era da disrupção causada pela globalização, pela conectividade e por mobile.

Você mergulhou nas transformações que mobile causou nas marcas, nos anunciantes, nas agências.

Uma verdadeira mudança de direção em diversos segmentos e modelos de negócios. A conexão é muito útil em todos os aspectos das relações humanas, em especial nos negócios. Por isso, fiz questão de trazer os pontos de vista das mentes brasileiras e latino-americanas que influenciaram e souberam aproveitar os ventos das mudanças que começaram já há algum tempo e se intensificaram quando Steve Jobs nos apresentou o iPhone e o iOS e o Google nos brindou com o Android.

Você também aprendeu como os impactos que a tecnologia adotada mais rapidamente em todos os tempos causou no papel do líder, como preparar seu negócio para o cenário futuro do aprimoramento tecnológico e os *drivers* da nova economia: a globalização, social e a mobilidade. Tenho certeza de que as dez Best Practices de mobile, apresentadas no segundo capítulo deste livro, poderão guiar seu empreendimento, independentemente da indústria em que você atua.

Também te deixei a par dos desafios e obstáculos que a mobilidade tem colocado no caminho das marcas, como a dificuldade de padrões e a fragmentação, que impactam diretamente nos modelos de atribuição; da busca por experiências que gerem ações mais certeiras em direção ao ROI; e de estratégias para educar equipes e consumidores diante da velocidade das mudanças.

Você descobriu que o principal diferencial estratégico, através de mobile ou de qualquer outra tecnologia, é resolver um problema do consumidor. Fazer-se a pergunta essencial, "Isto resolve verdadeiramente um problema?", é o primeiro passo para implementar a estratégia de colocar o consumidor em primeiro lugar e ultrapassar as expectativas do novo consumidor constantemente conectado. Quando você resolve um problema específico de milhões de pessoas, as chances de seu negócio ganhar alturas nunca antes imaginadas dispara. A estratégia do Consumer First precisa estar no topo das prioridades de qualquer empresa que deseja progredir e lucrar nestes novos tempos.

Você também conheceu melhor este consumidor com muito mais poderes, no comando e em movimento, com um *device* que o acompanha do momento em que acorda até a hora em que vai dormir. Isso quanto ele não o utiliza para monitorar seu sono ou aprender enquanto dorme. Seus novos hábitos, a multiplicidade das telas e interfaces e a descentralização do consumo de conteúdo viraram de cabeça para baixo o posicionamento e estratégias de marcas, produtos e serviços. O impacto nos modelos de negócios do consumidor constantemente conectado é irreversível.

Falamos também da Comunicação Disruptiva, sobre como as marcas e agências estão lidando com os avanços da comunicação diante da fragmentação dos meios, formatos e mensagens. E você descobriu que Contexto e Relevância são as duas palavrinhas mágicas para entregar a mensagem mais efetiva, no momento preciso e no local mais apropriado. Para isso, mobile programático tem se mostrado a ferramenta mais eficiente para alcançar os consumidores de maneira segmentada e personalizada. E que o vídeo é a mídia mais persuasiva e sofisticada para isso.

Eu também te mostrei uma visão abrangente do impacto da alta conectividade, do engajamento e da ubiquidade nos hábitos dos consumidores e como isso abre um leque de oportunidades únicas para novos modelos de negócios. A ubiquidade é uma tendência. Estaremos cada vez mais conectados através de múltiplas telas e coisas e poderemos ser alcançados a qualquer momento, em qualquer lugar. Entramos definitivamente na Era do *Anytime, Anywhere*.

Por fim, fizemos um breve exercício de bola de cristal para tentar imaginar o que vem por aí, reunindo as previsões dos principais executivos e empreendedores do mercado para os próximos anos. Inteligência Artificial, *Geolocation*, Realidades Virtual e Aumentada, Internet das Coisas e a Ubiquidade são as principais apostas para este admirável mundo novo.

No entanto, para obter sucesso nos negócios daqui para frente, não basta apenas estar ligado nas tendências tecnológicas. Como bem disse Hugo Rodrigues, é preciso pensar em saúde, meio ambiente, sustentabilidade e nas coisas que nos tornam melhores humanos. À medida que o planeta se torna mais povoado e, por sua vez, nossos recursos naturais e o clima são explorados até o limite, é necessário imaginar formas de resolver questões indispensáveis para nossa sobrevivência como raça. *Humans First* é uma tendência econômica e social. A economia compartilhada está aí para comprovar a necessidade moral e ética de sermos mais colaborativos e unidos. Precisamos de tecnologias que resolvam problemas como a alimentação, por exemplo. Uma das possíveis respostas está nos alimentos sintéticos. Uma iniciativa neste sentido vem da Beyond Meat, empresa de Los Angeles que desenvolve alimentos proteicos com base em levedura, beterraba, ervilha e óleo de coco. Outras trabalham na criação de alimentos em laboratórios, como ovos e carnes, o que também resolve a questão da crueldade com animais. Hambúrgueres vegetais ou sintéticos, com sabores até mais atraentes do que os feitos de carne bovina, em breve estarão na sua mesa. Além de alimentar, as pesquisas no campo dos alimentos sintéticos também buscam resolver mais um problema do consumidor: o anseio por comidas mais saudáveis que nos permitam desfrutar seus sabores sem culpa.

Outro campo que merece destaque é o das impressoras 3D, que também disrompe muitos negócios. Já podemos imprimir desde brinquedos até órgãos do corpo humano. Novos aditivos e tecnologias no setor são descobertos e aprimorados ano após ano, ampliando os limites da tecnologia. Enquanto alguns ainda enxergam a tecnologia de impressão em 3D como um nicho, muitas empresas estão em pesquisas avançadas que ajudarão a diminuir custos, especialmente através da redução de inventários físicos que encarecem os negócios e contribuem para o desperdício. O inventário virtual permite a produção de peças sob demanda, a exemplo do que aconteceu com os livros.

Para Marcelo Lobianco, a conectividade vai continuar ampliando os poderes do consumidor com mais acesso, mais opinião e mais serviços. No campo das startups, Gustavo Caetano afirma que, além de pensar em tecnologia, as empresas nascentes precisam se concentrar em conseguir endosso, quem usa, e reputação, o quanto falam bem dela. Já Guilherme Gomide acredita que a palavra *mobile* vai desaparecer, assim como a palavra Internet. "A tecnologia vai estar tão presente e estaremos tão conectados, através de dispositivos que ainda nem foram inventados (lentes de contato, óculos, roupas), que essa conectividade onipresente aliada à inteligência artificial, robótica, biotecnologia, fará com que vivamos em um mundo muito diferente do que vivemos hoje. E como diz um grande amigo e cliente nosso: não sei o que vem pela frente, só espero que venha pela frente!"

Preciso ressaltar novamente o papel das mulheres na transformação tecnológica, como consumidoras ou como executivas. O equilíbrio das relações será finalmente alcançado em uma sociedade menos patriarcal, na qual o respeito, a admiração e as oportunidades estarão abertos para todos, independentemente de gênero, raça ou orientação sexual.

Seja você uma marca estabelecida, uma startup, um anunciante ou uma agência, pense em maneiras de capitalizar as tendências da disrupção na maneira de liderar e da tecnologia para os próximos anos. Crie meios para aproveitar essas tendências, antes que seus concorrentes cheguem à sua frente. Isso colocará suas mãos no volante e ajudará sua empresa a tomar decisões mais efetivas diante das surpresas que o futuro está preparando. Pense em maneiras de solucionar os problemas do consumidor e, principalmente, da raça humana. O futuro está logo ali, é amanhã. Eu espero que este livro ajude você e sua empresa a transformar o mundo em um lugar muito melhor.

Sobre a Casa do Escritor

A Casa do Escritor é uma consultoria que presta serviços e auxilia escritores no processo de autopublicação e divulgação de seus livros.

Saiba mais e conheça os livros lançados em **casadoescritor.com.br**

www.casadoescritor.com.br